应用文项目化教程

闫　安　主　编
武　智　苑晓路　副主编
亓　佳　金　楠　参　编

北京航空航天大学出版社
BEIHANG UNIVERSITY PRESS

内 容 简 介

本书包括七个项目，涵盖了当今社会各行业常用的三十余种应用文书，具有时代性、实用性、趣味性、贯穿性、操作性的特点。本书以提升学生的职业核心能力为目标，根据易学、必需、够用、可拓展的原则，删除了对中高职学生从业后实用性不强的公文等文体，结合学生校园学习、生活需要和职场需求，以学生创业过程为主线，在学生自主创业的特定情景中，围绕项目驱动下的各项写作任务，让学生去主动分析归纳各类应用文体的相关知识和写作要领，指导学生进行写作实践，使抽象的理论知识统摄于实际工作任务之中，在完成特定写作任务的实训过程中，有效地培养学生的写作技能及职业综合能力。

本书可作为各类中高职高专院校的应用文写作课程的教材，尤其适合作为项目式教学改革的教学用书。

图书在版编目（CIP）数据

应用文项目化教程 / 闫安主编. -- 北京 : 北京航空航天大学出版社, 2024. 10. -- ISBN 978-7-5124-4532-1

Ⅰ. H152. 3

中国国家版本馆 CIP 数据核字第 2024V8W206 号

应用文项目化教程

主　编　闫　安

副主编　武　智　苑晓路

参　编　亓　佳　金　楠

策划编辑　黄继松　　责任编辑　刘恬利

*

北京航空航天大学出版社出版发行

北京市海淀区学院路 37 号（邮编 100191）　http://www.buaapress.com.cn

发行部电话：(010)82317024　传真：(010)82328026

读者信箱：bhjiaopei@163.com　邮购电话：(010)82316936

北京富资园科技发展有限公司印装　各地书店经销

*

开本：710×1 000　1/16　印张：17.75　字数：328 千字

2024 年 10 月第 1 版　2024 年 10 月第 1 次印刷

ISBN 978-7-5124-4532-1　定价：88.00 元

若本书有倒页、脱页、缺页等印装质量问题，请与本社发行部联系调换。联系电话：(010)82317024

前言

应用文是现代社会人们在工作、学习、生活中经常用到的信息交流工具，因此每个人都应该掌握应用文写作的基本知识和技能。对于即将步入社会的中高职学生来说，学校更应该注重对其进行这方面能力的培养和训练。目前，绝大多数中高职院校都开设了这门课程，旨在培养学生的写作与沟通表达能力，以适应实际生活和工作的需要。但应用文写作的学科特点往往会使学生觉得枯燥乏味。如何提高学生学习应用文写作的兴趣，是每一个语文教师应该思考的问题。近几年，教师在写作教学方法方面进行不断的探索和尝试，例如，案例教学法、情境教学法、实践体验法、归纳分析法、多媒体展示法等，这在一定程度上改变了传统的应用文教学方法，但仍然没有摆脱“知识讲授+例文分析+写作练习”的模式。在教学实践中，作者尝试针对应用文的特点与需要，改变应用文的教学模式。其中，采用以任务为导向的项目教学法，改变授课方式，优化课堂教学，这将对改革中高职应用文写作教学、提高课堂教学效果和学生写作能力具有现实意义。

目前，项目教学法以其先进的教学理念正在为越来越多的人所接受并提倡，并被广泛应用于职业学校的专业课教学中，而在文化课教学中却鲜有涉及。其实，应用文写作课程也可以像专业课那样根据职业需求的工作任务来设计学习过程，进行项目化教学。

本书共七个项目，涵盖了当今社会各行业常用的二十余种应用文体，具有时代性、实用性、趣味性、贯穿性和操作性的特点。本书可作为各类中高职高专院校的应用文写作课程的教材，尤其适合作为项目式教学改革的教学用书。本书以提升学生的职业核心能力为目标，依据易学、必需、够用和可拓展的原则，删除了中高职学生从业后实用性不强的公文等文体，结合学生校园学习、生活需要和职场需求，以学生创业过程为主线，在学生自主创业的特定情景中，围绕项目驱动下的各项写作任务，让学生去主动分析归纳各类应用文体的相关知识和写作要领，指导学生进行写作实践，使抽象的理论知识统摄实际工作任务，在完成特定写作任务的实训过程中，有效地培养学生的写作技能及职业综合能力。

与传统应用文教材相比，本书具有以下特色：

1. 根据职场需求，精选文体。根据中高职学生未来职场需求，选取实用性较高的文种，摒弃了公文等文体。

2. 变章节为项目引领任务。创新性地以项目构建教材体系，每个项目又引领若干个任务，以学生就业和创业过程中需要掌握的文体贯穿整个教材。

3. 精心设计课堂教学，将以教师为主导的填鸭式教学转变为以学生为主导的趣味性教学。教师将任务完全交给学生，教师起咨询、指导及解决疑难的作用，引导学生积极主动参与教学过程。

4. 变结果性评价为过程性评价。把每个评价对象个体的过去与现在进行比较,并把个体的有关侧面进行相互比较，得到评价结论。既注重过程也注重结果，是对课程实施意义上的学习动机、过程和效果的三位一体的评价。采取目标与过程并重的价值取向。及时反映学生学习中的情况，促使学生对学习的过程进行积极的反思和总结。这种过程评价方式，体现了全新的课程评价理念。

应用文写作教学中运用项目教学法对于语文教师来说是一种大胆的尝试和创新。在整个项目教学过程中，学生是学习活动的主体，从任务的设置、信息的收集、分析和归纳、写作实践、成果的展示到完成后的评价，都由学生负责。运用项目教学法教学，打破了传统的填鸭式的教学方法，让学生自己发现问题、分析问题和解决问题。在深入参与项目活动的过程中掌握应用文相关知识与写作技巧，让学生主动参与、有目的地展开自主学习，变被动学习为主动学习，这种学生主动参与的学习过程可以激发学生的学习积极性和好胜心，体验到一种新型的语文学习模式。

在应用文写作课程中采用项目教学法教学，对语文教师而言也是一个新的挑战。项目教学改变了传统课堂的教师为主导的教学模式和评价方式，需要教师课前精心策划和课中积极组织，从而要付出更多的时间与精力。教师需要系统科学合理地设计项目内容，采取多元化的评价方式，组织指导学生进行有效的自主学习，最终实现自身写作能力的提升。

在本书的编写过程中，我们编写团队进行了相关的学习和培训，也参考了一些相关的资料和教材，借鉴了一些研究成果和网络资料，我们会在教材中尽可能注明材料来源，有些因难以查实没有注明出处，在此，除向已注明来源的材料作者和网站表示由衷感谢外，还要向没有注明出处的作者和网站表示歉意，并请谅解。

由于编写时间仓促，作者水平有限，书中的疏漏之处在所难免，欢迎读者批评指正。若有意见和建议，可发送电子邮件至 Yanan83033533@163.com。

应用文项目化教程编写团队

2023 年 7 月

目录

项目一 毕业求职

项目背景

项目导入

本项目以毕业生求职为背景，采用情景教学法，教授学生从投递简历到签订劳务合同再到岗位竞聘整个过程所需要的文档撰写方法，帮助学生了解毕业生就业的大环境，提前做好求职准备和就业规划，明确求职相关问题，从而使他们能够在激烈的岗位竞争中脱颖而出。

曹丽影是黑龙江省建筑职业技术学院装潢设计专业的一名学生，在校学习期间，她不仅学习成绩突出，还十分注重对自己综合能力的锻炼和培养，曾担任班长和校学生会干部。她马上就要离开校园走向社会，想谋求一份能够发挥自己专业特长的工作。作为一名应届毕业生，她在寻找工作的过程中需要准备和将要使用哪些文字材料呢？

写作规则

本项目分为四个任务，包括撰写求职信、设计简历、签订劳务合同、筹划岗位竞聘书，具体的项目规划如下。

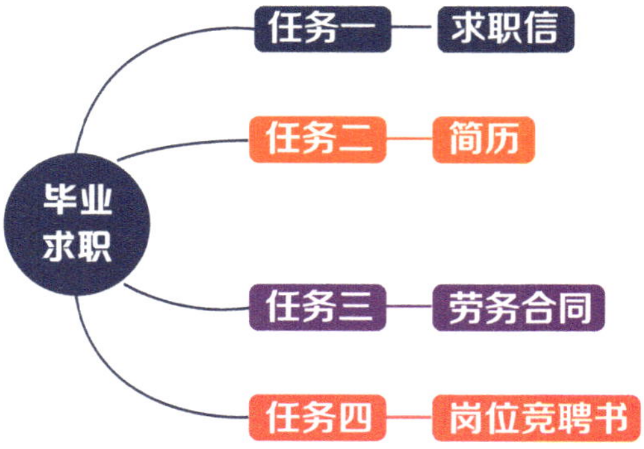

任务一　求职信

基础信息

工单编号	C2301111110378	**工单名称**	求职信
工单类型	基础型工单	**面向专业**	各专业通用
工单大类	基础课程	**能力面向**	专业技术能力
职业岗位	全系列岗位		
实施方式	模拟实施	**考核方式**	演讲汇报
工单难度	中等	**前序工单**	
工单分值	12 分	**完成时限**	2 课时
工单来源	校内开发	**建议组数**	4 组
组内人数	10 人	**工单属性**	私有工单
版权归属	闫安	**附件资源**	1 个
考核点	掌握求职信的基础知识，完成求职信的撰写		
工单简介	求职信是求职者的敲门砖，本工单采用情景教学法，让学生掌握求职信基础知识，并能够独立撰写出一封优秀的求职信		
设备环境	多媒体教室		
教学方法	1. 项目教学法，在深入参与项目活动的过程中掌握应用文相关知识与写作技巧，让学生主动参与、有目的地展开自主学习，变被动学习为主动学习。 2. 情景教学法，根据教学目标，准确把握教学重点、知识点，创设任务情境，任务情境贯穿于教学的全过程，激发学生学习的兴趣和好奇心。把教学目标转化、分解为学生任务的学习目标。 3. 案例分析法，采用例文介绍的方式，给出完成该写作文体的思路、流程和格式，引导学生思考该文体的写作思路，注意事项，提升写作素养。 4. 分组探究法，由学习组长组织进行任务扩展的探究，通过小组合作学习，进一步巩固知识，充分发挥学生自主学习能力，提高团队协作能力		
用途说明	应用文是现代社会人们在工作、学习、生活中经常用到的信息交流工具，因此每个人都应该掌握应用文写作的基本知识和技能。对于即将步入社会的中高职生来说，学校更应该注重对其进行这方面能力的培养和训练，以适应实际生活和工作的需要		
工单开发	闫安	**开发时间**	2023-04-27 10:16

实施人员信息

姓名		班级		学号		电话	
隶属组		组长		岗位分工		伙伴成员	

任务目标

知识目标

掌握求职信的相关基础知识。

能力目标

能够根据工作需要,规范完成求职信类文书的写作。

素质目标

1. 通过小组合作,提升学生团队合作意识。
2. 培养学生综合素质和应用文写作素养。

任务说明

任务背景

在当前就业压力不断增大、就业形势日趋严峻的环境下,每位毕业生都想为自己谋得一份好工作,但是一个岗位往往有十几人、几十人甚至上百人竞争,犹如千军万马过独木桥。求职信是求职者的敲门砖,求职者要想敲开面试的大门,引起用人单位的注意,获得一份心怡的工作,就必须清楚地知道如何撰写出一封完美的求职信。

任务描述

曹丽影是黑龙江省某高职学院建筑学院的一名大专生。毕业临近,她很想尽快找到一份适合自己的工作。前段时间,她看到了宏宇公司刊登在《哈尔滨新晚报》上的一则招聘信息,非常想获得这份工作。在老师的指导下,她向这家公司投递了一封求职信和一份个人简历。经过该公司筛选,她获得了面试的机会,并凭着扎实的基本功和良好的综合素质,成功地被该公司录用。曹丽影求职成功的原因是什么?首先在于她制作了一封成功的求职信和一份优秀的个人简历,下面我们来看看如何撰写求职信。

任务需求

通过求职信写作的学习,掌握求职信撰写的重难点,能够撰写一封符合应聘要求的求职信。

基础知识

请同学自主学习基础知识内容，并提交学习笔记。主观作答(2分)。

基础知识收集

水之积也不厚，则其负大舟也无力。

——庄子

一、求职信的定义

求职信是求职者向自己欲谋求职业的单位介绍自己的基本情况，提出供职请求的书信。求职信是求职者写给用人单位的信，目的是让对方了解自己、相信自己、录用自己，它是一种私人对公并有求于公的信函。求职信的内容要求简练、明确，切忌模糊、笼统、面面俱到。

二、求职信的类型

1. 应聘式求职信

应聘式求职信是求职者根据用人单位招聘人员的条件向用人单位进行自我介绍而谋职的书信。

2. 非应聘式求职信

非应聘式求职信是不知晓用人单位是否有用人需求而径自投递的求职信。

三、应届毕业生在求职信中需要准备的材料

求职信、个人简历、推荐表复印件、成绩单、各类证书复印件。

例文赏析

求职信

尊敬的宏宇装饰公司人力资源部部长：

您好！

感谢您在百忙之中关注我的求职信。

我叫曹丽影，毕业于黑龙江省某高职学院建筑学院，在校期间我学习装潢设计

专业。我的理想是能够成为一名优秀的装潢设计师，除此之外，广告设计、产品包装设计也是我的强项。很高兴在招聘网站看到贵公司的招聘广告，期望有机会能成为贵公司的一员。

宏宇装饰设计公司是一家集设计、施工于一体的国家正规室内外装饰企业，公司本着“只要客户给我们机会，我们就一定被认识、被了解、被认可，最后做朋友”的目标，是行业内人气最旺、口碑声誉极佳的装饰设计公司之一。能够在这样的企业工作，将是我的荣幸。

在校期间，我接受了两年半专业知识学习、半年专业技能训练，能够做到理论与实践相结合，且有较强的专业实践动手能力。

通过学习制图、计算机设计、建筑绘画、民用建筑构造设计、装饰工程材料与预算等课程，我具备了室内外装潢设计和施工能力、计算机设计能力和较高的广告设计能力。

在校内外的比赛中，我用勤劳的汗水换来了奖项和荣誉，丰富的参赛经验使我能够熟练地操作和运用 Photoshop、3ds Max、Premiere、Office 等软件。通过不懈努力，我还于 2019 年考取了装饰设计师职业技能等级证书。

2019 年 5 月，我经学校推荐，赴天盛公司实习，为期 6 个月，期间主要负责室内外装饰设计工作，在锻炼了专业能力的同时亦为适应未来的工作奠定了基础。我现已能独立完成装潢设计与制作、商品包装设计、招贴、宣传、广告设计等工作。

团结协作、踏实创新是我为人处世的原则。热切期盼您能与我联系。我的联系方式为，电话：150××××7150；邮箱：duwei××××@ qq. com。

祝

商祺

曹丽影

2020 年 6 月 23 日

附：简历及个人获奖证书复印件等相关资料。

评析 这是一封比较成功的求职信。第一，它是针对特定的工作职业来写的，求职者叙述的个人情况与岗位要求相符合；第二，实事求是，用语得体，能打动对方；第三，对自己的优势以及经历等表达具体；第四，没有出现格式、语法、文字、用词等方面的错误。

写作指南

求职信的结构和写作方法

一、标题

求职信的标题通常只有文体名称，即在第一行中间写上“求职信”三个字。

二、称呼

称呼是对收信者的称呼，写在第二行，要顶格写收信者单位名称或个人姓名。单位名称后可加“负责同志”；个人姓名后可加“先生”“女士”“同志”等，称呼后写冒号。求职信不同于一般私人书信，因未曾与收信者见过面，所以称呼要恰当并加敬辞，以显郑重其事。

三、正文

正文要另起一行，空两格写求职信的正文内容。如正文内容较多，可分段写。

第一，自我介绍。

首先，简要介绍求职者的基本情况，如姓名、年龄、性别等。接着要直截了当地说明从何渠道得到有关信息以及写此信的目的。例如，“我叫李民，现年22岁，男，是一名财会专业的大学本科毕业生。我从报纸上看到贵公司招聘一名专职会计人员的招聘信息，不胜喜悦，以本人的水平和能力，我不揣冒昧地毛遂自荐，相信公司定会慧眼识人，使我有幸成为公司的一名会计人员”。这段是正文的开端，也是求职的开始，介绍有关情况要简明扼要，对所求的职务，态度要明朗，而且要吸引收信者有兴趣将信读下去，因此开头要有吸引力。

第二，写求职的原因。

写明用人信息的获得渠道，交代应聘职位。例如，“见《新晚报》公司招聘启事，我有意应聘其中汽车修理工一职”。

第三，写对所谋求的公司以及职务的看法并且对自己的能力要作出客观公允的评价，这是求职成功的关键。

要着重介绍自己应聘的有利条件，要特别突出自己的优势和“闪光点”，以使对方信服。例如，“我于2016年7月毕业于东北财经学院财会专业。毕业成绩优秀，在省级会计大奖赛中，获得‘能手’嘉奖（见附件），在海南金融杂志上发表过多篇学术论文(见附件)。我在有关材料上看到过关于公司的情况介绍,喜欢公司的工作环境,钦佩公司的敬业精神,又很赞赏公司在经营、管理上的一整套切实可行的规章制度。这些均体现了在当前的经济大潮中,公司的超前意识。我十分愿意到这样的企业中去艰苦拼搏;更愿为贵公司贡献我的学识和力量。我相信,经过努力,我会做好工作的”。写这段内容,语言要中肯,恰到好处;态度要谦虚诚恳,不卑不亢,以达到见字如见其人的效果。要给收信者留下深刻印象,进而使其相信求职者有能力胜任此项工作。如果你是职业学校的学生,务必重点突出你的专业技能、获得的相关专业技能证书和技能比赛获奖情况。

第四,提出希望和要求。

向收信者提出希望和要求,如“希望能安排一个与您见面的机会”或“盼望您的答复”或“敬候佳音”之类的语言。这段属于求职信内容的收尾阶段,要适可而止,不要啰唆,不要苛求对方。

四、结尾

另起一行,空两格,写表示敬祝的话。如“此致”之类的词,然后换行顶格写“敬礼”或“祝工作顺利”“事业发达”等相关词语。这段不必过多寒暄,以免画蛇添足。

五、署名和日期

写信人的姓名和成文日期写在信的右下方。姓名写在上面,成文日期写在姓名下面。姓名前面不必加任何谦称的限定语,以免有阿谀之感,或让对方轻看。成文日期要年、月、日俱全。

六、附件

有说服力的附件是对求职者能力鉴定的凭证。所以附件是求职信不可忽略的组成部分。

附件可在信的结尾处注明。如附件 1. ××××××、2. ××××××、3. ××××××……然后,将附件的复印件单独订在一起随求职信寄出。附件不需太多,但必须有分量,足以证明个人的才华和能力。

注意事项

1. 要突出重点

求职者展示能力时要围绕所应聘职位来集中展示,关系不大的能力、经历、个性、爱好等尽量少说甚至不说，而与用人单位所需的专业、特长相一致的地方要作重点详细展示。

2. 要具体

个人的工作、实习经历，以及所获得的荣誉等要写具体，不要一笔带过。对自己的评价不要用空洞的语言，而要列出具体事例或用数字说明。

3. 要简洁、朴实，同时也不失典雅、庄重

不要使用华丽的辞藻，如“我希望我的人生，在经历无数风雨之后，成为一道最壮丽的彩虹……请用您的目光告诉我海的方向……我渴望奉献我所拥有的一切，请用真诚的心灵拥抱我最热烈的胸怀……”

当然，过于口语化的语言也不可取，如“如果答应我的求职”这句话中，“答应”一词就显得过于口语。

此外，恰当地运用一些文言词，可以增加文章的魅力，使表达效果更好。如用“获悉”代替“知道”，用“贵公司”代替“你们公司”等。

4. 要篇幅适中

求职信篇幅不宜过长，一页 A4 纸的内容就足够了。

5. 避免有格式、语法、标点等错误

写完后要反复检查、修改，确保无误。

6. 其他细节问题

选用优质纸张，以保证打印质量。排版时，需要特别强调的地方用与正文不一样的字体，或者加粗。特别的段落可缩进两个字等。

特别提示

(1)多写自己的优势，多展示自己的业绩和能力。

(2)可适当说明自己求职注重的是某个职位更适合发挥个人的才能，为单位的发展作出贡献，而不只是考虑个人经济上的收入。

(3)如果是应聘式求职信，则应严格依据招聘条件，有针对性地逐条如实表述。

(4)态度自信、诚恳，尊重对方，礼貌，不卑不亢。

六大误区

(1)一封信函走天下：不量身定做，一封信打遍天下。

(2)二次利用不修改:重复简历主要内容。

(3)三缄其口谈奉献:过度强调能从公司学到什么知识技能或得到什么好处,而不知道提出自己能为公司作出什么贡献。

(4)四舍五入都从简:对公司的描述过于空泛、过于浅显。

(5)六神无主乱阵脚:格式不够工整,缺乏美感,表达乱七八糟。

(6)七拼八凑网上摘:直接引用网上现有文案。

情景训练

根据情景设定完成训练任务。主观作答(5分)。

招聘启事

中美合资哈尔滨物美保健品公司,是一家集科工贸一体的大型高科技集团公司。营销总部设在哈尔滨市,为进一步拓宽市场,现面向社会招聘人才。

招聘人员及要求:

1. 营销区域经理:10名

本科以上学历,有丰富的市场实践经验,能独立开拓市场,敢于挑战,承担风险,应变能力强。

2. 营销策划人员:2名

中职以上学历,会CI设计,有市场营销管理经验,熟悉计算机基本操作。

3. 广告设计人员:3名

中职以上学历,能熟练操作各种设计软件,有丰富的工作实践经验。

4. 文秘人员:2名

本科以上学历,文笔好,有营销经验,公关能力强。

报名地点:哈尔滨市南岗区东直路196号物美保健品公司。

联系人:王桂芬　　　　吕纪元

电话:57×××111　　　57×××031

训练任务:假如你是曹丽影,请根据招聘启事,结合自己所学专业,撰写一封求职信,并进行投递。

实施要求:将班级学生分为四组,扮演四个公司,接受简历的投递。为了让每位学员都能获得一次求职的体验,要求每个学生都作为求职者撰写一份求职信,并至少投递一封求职信到其他团队。四组团队收到求职信后,根据求职者的信息进行筛选，对认为符合应聘条件的应聘者发出面试通知，凡收到其他团队面试通知的学生，其求职信将被评为优秀作品，该学生将获得课程加分并对其作品进行课堂展示。

训练过程：

A 线应聘者：收集整理求职信的所有基础知识→归纳整理写作知识→对个人求职材料进行认真梳理→撰写求职信→递交求职资料。

B 线招聘方：收集、整理其他团队投递的求职信→对收到的求职信进行筛选与评审→确定面试名单→发出面试通知。

评价标准：本任务采用自评、互评、教师评价相结合的方式进行评价，具体评价分值占比：模块分值(5 分)= 30%(教师)+40%(小组)+30%(个人)。

(1)组内互评：四个小组扮演的企业对收到的求职信进行评价，在收到的求职信中挑选 3 份优秀的发出面试通知，收到面试通知的学生可加 2 分，未收到面试通知的学生加 1 分。

(2)教师评价：老师对所有学生的求职信进行教师评价，最高可加 1.5 分。

(3)自我评价：每个学生针对自己撰写的求职信进行自我评价，最高可加 1.5 分。

扩展练习

分组指出下面求职信的不足之处，由小组代表总结本组找出的错误，给准确找出错误最多的小组加分。主观作答(3 分)。

求职信

刘总经理：

您好！

我叫张成，男，2000年生，现为××职业学校18级会计专业学生，即将毕业。经过三年的专业学习，现已较系统地掌握了会计专业的基本知识，并具备了较强的会计工作能力。诚愿到党政机关、大企业、大公司、科研院所从事财会工作。在校期间曾系统学过以下课程：会计学原理、统计学、计算机语言、商业会计、成本会计、工业会计、管理会计、会计法、会计电算化等，考试成绩均名列前茅。

愿接受用人单位的考核与挑选。

此致

敬礼

求职人：张成

2021年4月5日

任务总结

主观作答（2分）。

反思总结	收获感想

考核评价

评分项	分值	评分要求	得分
基础知识	2 分	自主学习，掌握求职信相关基础知识的要点	
情景训练	5 分	独立完成求职信的撰写，要求格式无错误，表述正确，能够彰显自身优势	
拓展练习	3 分	分小组完成例文的点评，团队合作，组长积极作答，给找出错误点最多的小组加分	
任务总结	2 分	认真完成各环节，提升写作素养，填写任务总结	

注：教学视频可扫描二维码观看。

任务二　简　历

基础信息

工单编号	C2301111110379	**工单名称**	简历
工单类型	基础型工单	**面向专业**	各专业通用
工单大类	基础课程	**能力面向**	专业技术能力
职业岗位	全系列岗位		
实施方式	实际操作	**考核方式**	操作演示
工单难度	较易	**前序工单**	
工单分值	12 分	**完成时限**	2 课时
工单来源	校内开发	**建议组数**	4 组
组内人数	10 人	**工单属性**	院校工单
版权归属	闫安	**附件资源**	1 个
考核点	简历的制作、了解招聘流程		
工单简介	本工单采用情景教学法，要求学生掌握简历的写作要点，能够独立撰写出一份优秀的简历		
设备环境	多媒体实训教室		
教学方法	1. 项目教学法，在深入参与项目活动的过程中掌握应用文相关知识与写作技巧，让学生主动参与、有目的地展开自主学习，变被动学习为主动学习。 2. 情景教学法，根据教学目标，准确把握教学重点、知识点，创设任务情境，任务情境贯穿于教学的全过程，激发学生学习的兴趣和好奇心。把教学目标转化、分解为学生任务的学习目标。 3. 案例分析法，采用例文介绍的方式，给出完成该写作文体的思路、流程和格式，引导学生思考该文体的写作思路，注意事项，提升写作素养。 4. 分组探究法，由学习组长组织进行任务扩展的探究，通过小组合作学习，进一步巩固知识，充分发挥学生自主学习能力，提高团队协作能力		
用途说明	应用文是现代社会人们在工作、学习、生活中经常用到的信息交流工作工具，因此每个人都应该掌握应用文写作的基本知识和技能。对于即将步入社会的中高职生来说，学校更应该注重对其进行这方面能力的培养和训练，以适应实际工作的需要		
工单开发	闫安	**开发时间**	2023-04-27 10:21

实施人员信息

姓名		班级		学号		电话	
隶属组		组长		岗位分工		伙伴成员	

任务目标

知识目标

掌握简历的相关基础知识。

能力目标

能够根据实际需要，规范完成简历的写作。

素质目标

1. 通过小组合作，提升学生团队合作意识。

2. 培养学生综合素质和应用文写作素养。

任务说明

任务背景

学生在了解了就业政策、职业礼仪、求职信息获取等知识之后，不能只停留在这些知识层面上。要想找到一份称心如意的工作，就必须拿出实际行动，进行认真地准备并和招聘单位进行实质性的接触。求职过程中实际行动的第一步就是制作简历。简历是和用人单位直接接触的“信使”。为什么说是“信使”呢？因为我们还没有进入和用人单位“面对面”接触——面试的环节，那么，我们简历的好与坏，将直接影响我们能不能获得面试机会，能不能获得工作机会，所以我们说简历是获得面试机会的“敲门砖”。

任务描述

曹丽影在向公司投递求职信后，收到了主管王经理的电话，其表示对曹丽影有兴趣，要求曹丽影发一份简历到邮箱 123×××789@ qq. com。

任务需求

通过制作简历的学习，掌握撰写简历的重难点，能够设计一份符合应聘要求的简历。

基础知识

请同学自主学习基础知识内容，并提交学习笔记。主观作答(2分)。

基础知识收集

积土成山，风雨兴焉；积水成渊，蛟龙生焉。

——荀子

一、个人简历的定义

个人简历是求职者给招聘单位发的一份个人情况简要介绍，其包含的基本信息有：姓名、性别、年龄、民族、籍贯、政治面貌、学历、联系方式，以及自我评价、工作经历、学习经历、荣誉与成就、求职愿望、对这份工作的简要理解等。现在找工作一般都是通过网络，因此一份优秀的个人简历对于获得面试机会至关重要。

二、简历的类型

简历分为普通简历和毕业生简历。

普通简历，如上学填表、获奖申请表格、职务提升等。其内容主要是对个人学历、工作经历等方面所作的简明扼要的书面介绍，具体包括工作和学习的起始时间、单位、职务、证明人等。毕业生简历，高职三年级学生求职专用。其主要内容包括毕业生已具备的求职能力与素质。

三、了解企业人力资源的招聘流程

(1)各用人部门提出招聘需求计划。

(2)人力资源部门进行岗位分析。

(3)人力资源部门根据所需岗位选择招聘渠道和方法。

(4)制订招聘计划和预算。

(5)上级批准计划和预算。

(6)实施招聘并获得初步人选信息、资料。

(7)安排人力资源部门初步测试、甄选。

(8)安排用人部门及相关人员测试及面试。

(9)企业作出初步录用决定。

(10)同被录用人员沟通。

(11)录用前准备。

(12)签订劳务合同,办理有关入职手续。

知识小贴士

求职信和简历的区别	
简历	求职信
被动提交	主动提交
客观描述	人际沟通
个人基本信息、求职意向、经历、技能等	称呼、求职缘由、经历与技能、热情与渴望、祝颂、落款
条块说明	综合说明

例文赏析

个人简历

基本信息 姓名:吴芳芳 年龄:24 E-mail:×××××××@××××.com 家庭住址:××××××××××××××	性别:女 学历:本科 电话:×××××××××××	照片
求职意向 软件开发相关行业		
教育背景 毕业学校:××职业技术学院 所学专业:计算机自动化 主修课程:计算机网络概述(计算机网络基本概念、计算机网络、计算机网络的层次模型)、计算机网络中的高层服务、计算机网络应用开发与相关技术、使用计算机网络的道德和法律法规、计算机组成原理与汇编语言等		

技能水平 大学英语六级 全国计算机等级水平考试×级
社会实践 2017—2020：担任班级生活委员、心理委员。管理班级生活事务，关注同学心理健康。 2020—2021：担任副社长的沙龙学社，被评为学校年度十佳社团。策划组织的“牛人俱乐部”系列晚会、英语四六级讲座均被评为学校年度精品活动。 2020—2021：担任主持人，主持社团开办的讲座、晚会。 2020—2021：担任安全服务志愿者协会组织部部长，负责活动组织和策划。
工作经历 2020.6—2020.7　重庆川仪自动化股份有限公司　　职位：技术人员 负责生产流水线的现场监控，实习成绩为优，适应能力强，做事效率高。 2020.7—2020.9　重庆迪升教学软件开发有限公司　职位：销售小组组长 前期负责与客户电话交流，后期与客户面对面沟通，领导力提升，判断力增强。 2021.3—2021.5　海文考研自动化学院代理　　职位：销售员 洞察客户的心理，用沟通技巧说服目标客户。团队协作能力增强，吃苦耐劳。
获奖情况 2017—2018年：第一学期获得学校二等奖学金 2018—2019年：获得“国家励志奖学金” 2018—2019年：获校“优秀学生干部”荣誉称号 2018—2019年：第二学期获得学校一等奖学金 2018—2019年：获得国家一等助学金 2019—2020年：获得国家一等助学金
自我评价 特长：写作、演讲、唱歌、旅游、爬山、球类运动等。 语言表达能力强，有很强的沟通能力和合作精神。有团队精神、创新精神。性格活泼开朗，善于观察，洞察力强。胆大心细，责任心强。

评析 这份简历共八个部分：基本信息、求职意项、教育背景、技能水平、社会实践、工作经历、获奖情况和自我评价。每部分之间，都有红色直线作为分割线。内容简洁全面，条理清晰。

写作指南

简历的结构和写作方法

一、个人信息

个人信息除了“姓名和年龄”外，有三个要素不能缺，即“联系电话”“邮箱地址”和“学校地址”，除此之外，诸如民族、体重、健康状况等可写可不写，同学们可根据招聘单位要求而定。如果有身高优势，可以写。关于生源地、籍贯，如果应聘的是本地企业，建议写；如果应聘的是外地企业，灵活处理。

建议粘贴个人照片。照片使用正装彩色证件照效果最佳（照片略带微笑）。建议将照片洗出来，再贴在简历上，效果比彩打更好。女生照片切记头发不要盖眉毛。照片不要过度进行美化处理，否则会适得其反。

个人信息举例。

基本情况——“基本”就好：姓名、性别、出生日期、政治面貌、籍贯、学历、专业、联系电话、住址、电子邮箱地址。

婚姻状况、户籍、身高、体重可不必要。

二、求职意向

可以在基本情况之后紧接着写明求职意向，求职意向一定要写清楚、明确，不可过于笼统。一份简历一般只能有一个求职意向。

求职意向举例。

求职意向：机械工程师；求职意向：计算机程序员。

三、教育背景

教育背景表述要清晰、准确、易读。第一，要注明入校及毕业时间，不要表述成为“21 级”，这样会增加招聘人员的换算时间。第二，要注明学校、专业、学位、所修课程（5 门以内）。第三，成绩较好的，可注明排名、平均学分绩点（GPA）。第四，研究生、第二学位等可分开阐述。第五，不要把奖项、证书等其他相关信息放在教育背景部分。

切忌：在教育背景位置罗列所有课程。

专业教育举例。

(1)数学类课程:高等代数、数学分析、数值分析、离散数学、概率论与数理统计学、数学建模基础、统计计算方法、数学实验、运筹学等数学类基础课程。

(2)计算机类课程:计算机基础、编译原理、汇编语言、数据结构与算法、操作系统、C 语言、计算机图形学、多媒体技术、数据库开发工具、计算机辅助设计。

(3)通信信息及管理类课程:网络原理与通信、信息论基础、管理信息系统、数据挖掘、管理学、市场营销、编码与解密。

教育背景举例。

教育背景

2008.9—2012.6　××职业技术学院　会计学院　会计学专业

GPA:3.7　平均分:85　专业排名:前 10%

专业课程:会计学(91/100)、财务会计(89/100)、成本管理会计(87/100)、财务软件应用(97/100)、财务管理(91/100)。

四、工作(实习)经历

工作(实习)经历部分要求专业、客观、具体地阐述工作(实习)经历。阐述小技巧:第一,阐述工作(实习)的机构和组织的价值;第二,阐述岗位职责(简洁明了);第三,阐述做的工作,达成的成果(数字、事实);第四,阐述所学到的知识、能力和技术;第五,阐述在工作(实习)过程中的成绩收获等;第六,阐述工作(实习)对个人成长产生的影响和效果。

这部分是简历的重点。按倒序排列出工作(实习)阶段所担任的职务,在各种工作(实习)中承担的工作。在阐述工作(实习)经历时切忌含糊不清,一定要将自己的具体工作明确地阐述清楚。对工作(实习)经历,最好用一两句话概括自己的最大收获。阐述时不要面面俱到,要将自己参加的有较大价值和收获的工作(实习)写在简历上。

切忌:简单罗列工作(实习)经历。

2010.07—2010.09　香港电子交易系统有限公司

项目经理助理/行业研究及证券市场调查

2009.09—2009.10　深圳同洲电子股份有限公司

市场调查临时负责人

2008.09—2008.11　鹰泰数码集团有限公司

校园销售代理

修改后：

工作经历

2010.07—2010.09　香港电子交易系统有限公司　项目经理助理　广州

(1)主力研发全球股票及衍生工具的金融工程科技供应商系统；

(2)负责该项目208家VIP客户日常电话访问和约谈、接待、记录；

(3)锻炼了自己与人沟通的能力，提高了自己对市场信息的敏锐度。

2009.09—2009.10　深圳同洲电子股份有限公司　市场调查临时负责人　广州

(1)深圳同洲电子股份有限公司是全国知名的大型重点软件企业；

(2)组织和协调全队30余人的工作，同时参加市场调查并取得团队第一的成绩；

(3)协助建立同洲电子广州市场需求数据库，对数据进行处理和分析；

(4)撰写市场调查报告，并就广州市场的进一步开拓提出建议，获得好评；

(5)学习到了大量市场信息搜集、信息筛选和信息处理及与人协作的能力。

2008.09—2008.11　鹰泰数码集团有限公司　校园销售代理　广州

(1)鹰泰数码集团有限公司是中国IT行业核心企业之一；

(2)与鹰泰数码集团有限公司合作在校园内代理销售手机并取得良好业绩；

(3)获得丰富的销售经验，以责任心对待每一个客户，获得良好的信誉。

五、社会实践

描述方式与工作(实习)经历相似。主要包括社团名称、在社团中的职位、具体职责、工作业绩或取得的成果。

社会实践举例如下。

社会实践

2010.10—2010.12

(1)亚运会期间，担任亚运城交通服务调度中心团队中队长。

(2)组织协调100余名志愿者开展亚运会、亚残运会交通服务工作。

(3)获得“杰出志愿者”称号。

2007.09—2008.06

(1)担任华南理工大学校学生会组织部副部长。

(2)组织、执行学校各类主题活动、团日活动30余场，丰富了学生课余生活。

(3)开办团学干部培训班，组织团学讲座，讲座参与学生人数超过600人。

(4)制订学生会干部考评表，负责学生会干部工作的绩效考评。

六、奖励和荣誉

所获奖项部分要把奖项表述得更加醒目、直观。获奖表述的小技巧包括:第一,奖项要按照重要性排序,并注明获奖时间、获奖比例;第二,各级奖励较多时,按照级别进行分类,如国家级、省级、市级、校级等;第三,各类奖励较多时,按照类别进行分类,如综合类、学业奖学金类、单项奖类、社会实践类、文体类、校外奖学金等;第四,将重要的奖项关键词加黑。

(1)特别注意强调奖励的级别及特殊性。

(2)最好将所获奖励的难度以数字或获奖范围表示出来。

获奖情况举例如下。

省级:××省大学生综合素质A级证书(全校55人获此荣誉)(2019.03)。

市级:优秀青年志愿者(共青团××市委、××青年志愿者协会联合授予)(2020.10)。

校级:××职业技术学院三好学生(2次)(TOP6%)、优秀毕业生(TOP10%)(2021.05)。

七、技能证书和技能特长

技能证书部分要求打造和突出个人技能。技能证书部分的表达技巧:第一,技能证书举例,如外语、计算机、专业证书、文体技能等;第二,表述简洁;第三,避免大众化、无特色的表述,如"熟练使用Office"等。

技能证书举例如下。

专业技能:注册会计师证书(扎实掌握税法、经济法、审计、财务管理、会计)、会计从业资格、证券从业二级分析师资格。

外语技能:CET-6,外资银行实习7个月(工作资料全英文)。

计算机技能:计算机二级。

文体技能:800米田径,健美艺术体操四级。

八、性格和爱好

这部分内容可写可不写。如果业余爱好与应聘的职位有很强的相关性,那么将其写上,这无疑会增加赢得面试的机会。比如,可以将马拉松的爱好写上,因为它可以体现你有坚强的意志力和严格的纪律性。

简历制作的要求

一、简洁性

简历行文要求简洁，避免口语化、第三人称表述。行文多使用名词、动词，避免使用形容词、副词。表述时，多用短句，避免长篇大论、大段表述。简历的篇幅一页纸就可以了。招聘人员在筛选简历时，常常采用“扫描式”，即在每份历上逗留的时间一般只有几秒，因此，求职者在写作简历时，要便于招聘人员快速阅读，做到分类清晰、层次清楚、排版整齐、字体美观、字号合适（字号不要小于五号），关键词要加黑。

二、相关性

简历写作内容与求职意向岗位的需求要有相关性。在选择简历素材时，不要求多而全、面面俱到，而是选取相关性较强的素材，并把素材按照重要性进行排序（不按照时间排序），在篇幅上进行主次处理，突出重点，打造简历“头版头条”和“优势”。

三、差异性

每个人的简历都是独一无二的，具有个人特点。不要去套用、抄袭简历模板，要根据自身情况，进行个性化制作。简历差异性的大小，决定了“不可替代性”的大小。为了提升简历的差异性，要挖掘个人特点、善于用数字等进行表述。

优秀简历的秘诀

一、扼要、精练

SONY 公司高级人力资源顾问马思宇：“我特别反对那种一本书似的简历。这样毫无必要，对你来说会增加制作成本，对招聘公司来说既浪费了时间，又增加了处理的难度”。

二、主次分明

HR 初选一份简历的平均时间是 20 秒，再审简历的平均时间也只有 60 秒。这就要求简历条理清晰、重点突出。

三、精益求精

一份成功的简历至少要修改几十次。

情景训练

根据以下情景完成训练任务，主观作答（5 分）。

招聘启事

中美合资哈尔滨物美保健品公司，是一家集科工贸一体的大型高科技集团公司。营销总部设在哈尔滨市，为进一步拓宽市场，现面向社会招聘人才。

招聘人员及要求：

1. 营销区域经理：10 名

本科以上学历，有丰富的市场实践经验，能独立开拓市场，敢于挑战、承担风险，应变能力强。

2. 营销策划人员：2 名

中职以上学历，会 CI 设计，有市场营销管理经验，熟悉计算机基本操作。

3. 广告设计人员：3 名

中职以上学历，能熟练操作各种设计软件，有丰富的工作实践经验。

4. 文秘人员：2 名

本科以上学历，文笔好，有营销经验，公关能力强。

报名地点：哈尔滨市南岗区东直路 196 号物美保健品公司。

联系人：王桂芬　吕纪元

电话：57610111　57629031

训练任务：假如你是曹丽影，请根据任务一中投递的求职信所应聘的岗位，并结合自己的专业和履历进行简历设计。

实施要求：将班级学生分为四组，扮演四个公司，接受简历的投递。为了让每位学员都能获得一次求职的体验，要求每个学生都作为求职者撰写一份简历，并至少投递一份简历到其他团队。四组团队收到简历后，根据求职者的信息进行筛选，对认为符合应聘条件的应聘者发出面试通知，凡收到其他团队面试通知的学生，其简历将被视为优秀作品，该学生将获得课程加分并对其作品进行课堂展示。

训练过程：

A 线应聘者：了解收集毕业生应聘需要准备的相关材料→自学简历和个人简历的撰写方法→撰写个人简历→递交个人简历。

B 线招聘方：收集应聘者投递的简历→完成对应聘简历的整理、评审工作→确定面试名单→发出面试通知。

评价标准：本任务采用自评、互评、教师评价相结合的方式进行评价，具体评价分值占比：模块分值（5 分）= 30%（教师）+40%（小组）+30%（个人）。

（1）组内互评：四个小组扮演的企业对收到的简历进行评价，在收到的简历中挑选 3 份优秀的发出面试通知，收到面试通知的学生可加 2 分，未收到面试通知的学生加 1 分。

（2）教师评价：老师对所有学生的简历进行教师评价，最高可加 1.5 分。

（3）自我评价：每个学生针对自己撰写的简历进行自我评价，最高可加 1.5 分。

扩展练习

分组指出下面简历中的不足之处，由小组代表总结本组找出的错误，给准确找出错误最多的小组加分。主观作答（3 分）。

简　　历

姓名	曹丽影	性别	女	年龄	18
毕业院校	黑龙江省××学校	专业	装潢设计	籍贯	黑龙江省××县××镇
民族	汉族	身高	158cm	政治面貌	团员
健康状况	良好	婚姻状况	未婚	联系方式	150××××7143
求职意向					

装潢设计师、广告设计师			
爱好特长			
绘画、计算机、驾驶、写作			
求学经历			
时间	学校	职务	证明人
2013. 9—2016. 7	黑龙江省 ××学校	课代表	贾雷
技能证书			
国家级装潢设计师资格证书、国家级软件设计师资格证书			
获奖情况			
黑龙江省中职学生装潢设计一等奖、校素描比赛一等奖			
外语、计算机水平			
能够进行简单的英语翻译和交谈、能够熟练地使用计算机应用软件			
实习实践			
2014. 10—2014. 11 在敦煌装饰设计公司担任设计助理			
自我评价			
热情、乐于助人、任劳任怨、善于与人交际、对待工作认真负责			

任务总结

主观作答(2 分)。

反思总结	收获感想

考核评价

评分项	分值	评分要求	得分
基础知识	2 分	自主学习，掌握简历相关基础知识的要点	
情景训练	5 分	独立完成简历的撰写，要求格式无错误，表述正确，能够彰显自身优势	
拓展练习	3 分	分小组完成例文的点评，团队合作，组长积极作答，给找出错误点最多的小组加分	
任务总结	2 分	认真完成各环节，提升写作素养，填写任务总结	

注：教学视频可扫描二维码观看。

任务三　劳务合同

基础信息

工单编号	C2301111110561	工单名称	劳务合同
工单类型	基础型工单	面向专业	各专业通用
工单大类	基础课程	能力面向	专业技术能力
职业岗位	全系列岗位		
实施方式	模拟实施	考核方式	演讲汇报
工单难度	较易	前序工单	
工单分值	12 分	完成时限	4 课时
工单来源	校内开发	建议组数	4 组
组内人数	10 人	工单属性	私有工单
版权归属	闫安	附件资源	1 个
考核点	掌握劳务合同的基础知识、完成劳务合同的撰写		
工单简介	本工单采用情景教学法，要求学生掌握劳务合同的写作要点和劳务合同的常识		
设备环境	多媒体教室		
教学方法	1. 项目教学法，在深入参与项目活动的过程中掌握应用文相关知识与写作技巧，让学生主动参与、有目的地展开自主学习，变被动学习为主动学习。 2. 情景教学法，根据教学目标，准确把握教学重点、知识点，创设任务情境，任务情境贯穿于教学的全过程，激发学生学习的兴趣和好奇心。把教学目标转化、分解为学生任务的学习目标。 3. 案例分析法，采用例文介绍的方式，给出完成该写作文体的思路、流程和格式，引导学生思考该文体的写作思路，注意事项，提升写作素养。 4. 分组探究法，由学习组长组织进行任务扩展的探究，通过小组合作学习，进一步巩固知识，充分发挥学生自主学习能力，提高团队协作能力		
用途说明	应用文是现代社会人们在工作、学习、生活中经常用到的信息交流工作工具，因此每个人都应该掌握应用文写作的基本知识和技能。对于即将步入社会的中高职生来说，学校更应该注重对其进行这方面能力的培养和训练，以适应实际生活和工作的需要		
工单开发	闫安	开发时间	2023-06-01 15:12

实施人员信息

姓名		班级		学号		电话	
隶属组		组长		岗位分工		伙伴成员	

任务目标

知识目标

掌握劳务合同的相关基础知识。

能力目标

1. 能够根据工作需要，规范完成劳务合同的写作。

2. 能够洞察、防范劳务合同写作中的漏洞和陷阱，并能运用相关的法律知识维护合法权益。

素质目标

1. 通过小组合作，提升学生团队合作互助意识。

2. 培养学生综合素质和应用文写作素养。

任务说明

任务背景

当求职者一路过关打开了求职大门，便会接到应聘单位人事部门通知将要签订劳务合同。而据 2011 年上海人才服务行业协会与智联招聘携手调查，半数以上的大学生都遭遇过求职陷阱。在这些求职陷阱中 43%的骗局涉及劳务合同。这些“中招者”上当的主要原因就是缺乏求职经验以及对劳动法规不熟悉。因此在接下来的聘用双方签订劳务合同的环节中，老师要求聘用双方都要提前学习和了解一些签订劳务合同的常识，以合理维护自己的合法权益。

任务描述

杨旭东是酒店管理专业三年级学生。2020 年 7 月，他与同班另外两位同学一起去某酒店应聘，应聘岗位有主管、前台服务、客房服务。顺利通过面试后，酒店给他们三人出示了用工合同。三人对合同条款仔细阅读后，一致讨论通过。其中尤为令人满意的是“月薪 2800 元”“免费提供食宿”，三人欣然签订了合同。合同签订后，酒店要求每人先付 800 元押金，并开具了“合同违约金”的收据。次日，三人就参加了为期三天的短期培训。第一天，三人着酒店员工制服，从上午八点一直工作至晚上十点，中途只有短暂的“快餐”时间，工作内容是擦地板、刷盘子。第二天、第三天，一切照常进行。第四天，三位同学商量决定辞职，于是找到了主管要求退还 800 元押金，却被告知是他们先违约，800 元不予退回。

任务需求

通过对劳务写作的学习，掌握劳务合同撰写的重难点，并能够撰写一份维护个人权益的劳务合同。

基础知识

请同学自主学习基础知识内容，并提交学习笔记。主观作答(2 分)。

基础知识收集

问学必有师，讲习必有友。

——陆佃

一、劳务合同的定义

劳务合同是劳动者与用人单位之间确立劳动关系，明确双方权利和义务的协议。

二、劳务合同的特点

1. 身份的限定性

身份的限定性是指签订劳务合同的双方必须是用人单位(甲方)的法定代表人(或者委托代理人)和职工(或者求职者)。

2. 规定的规范性

规定的规范性是指劳务合同中的条款内容必须符合《中华人民共和国劳动法》和有关规定，合同中的未尽事宜，可按照平等自愿、协商一致的原则签订补充协议，作为合同的附件，以规定双方的责任和权利。

3. 约束性

约束性是指劳务合同签订后，劳务合同中的各项条款对用人单位的法定代表人(或者委托代理人)与职工(或者求职者)就产生了法律约束力。

三、劳务合同的类型

按格式分，劳务合同分为两种类型。

1. 固定格式劳务合同

固定格式劳务合同即国家劳动部门把劳务合同中必不可少的相关内容分项设计，印制成有固定格式的劳务合同。

签订劳务合同的双方，只需把达成的协议逐项填写到表格或文字空白处即可。

2. 非固定格式劳务合同

非固定格式劳务合同即签订劳务合同的双方根据《中华人民共和国劳动法》和有关规定，将各方协商一致的条款逐条记载下来的劳务合同。

如果按写作形式分类，劳务合同可以分为条款式劳务合同、表格式劳务合同和条款表格结合式劳务合同。

例文赏析

劳务合同

甲方：××市地铁集团有限责任公司运营分公司

地址：××市××路68号　　　　法定代表人：柳明华

乙方：______　　性别：______　　居民身份证号码：______________

根据《中华人民共和国劳动法》，甲乙双方经平等协商一致，自愿签订本合同，共同遵守本合同所列条款。

第一条　劳务合同期限

劳务合同期限自 2021 年 7 月 1 日起至 2024 年 6 月 30 日止。其中，试用期自 2021 年 7 月 1 日起至 2021 年 12 月 31 日止。

第二条　工作内容和工作地点

乙方从事运营生产工作，工作地点在××市。根据甲方工作需要，经甲乙双方协商一致，可以变更工作岗位、工作地点。

第三条　工作时间和休息休假

一、实行标准工时制。乙方每日工作时间不超过8小时，每周工作时间不超过四十小时，每周至少休息一天。

二、甲方由于生产经营需要，经与工会和乙方协商后可以延长乙方工作时间，一般每日不得超过一小时；因特殊原因需要延长工作时间的，每日不得超过三小时，但每月不得超过三十六小时。甲方依法保证乙方的休息休假权利。

第四条　劳动报酬及支付方式与时间

一、乙方试用期间的月劳动报酬为人民币壹仟元。试用期满后，乙方在法定工作时间内提供正常劳动的月劳动报酬为人民币叁仟元。甲方的工资发放日为每月二十日。甲方以货币形式按月支付工资，不得拖欠。

二、乙方工资的增减，奖金、津贴、补贴、加班加点工资的发放，以及特殊情况下的工资支付等，均按相关法律法规及甲方依法制定的规章制度执行。甲方支付给乙方的工资不低于东江市最低工资标准。

第五条　社会保险

甲乙双方必须依法参加社会保险，按月缴纳社会保险费。乙方缴纳部分由甲方在乙方工资中代为扣缴。

第六条　劳动保护、劳动条件和职业危害防护

甲乙双方都必须严格遵守国家有关安全生产、劳动保护、职业卫生等规定。有职业危害的工种应在合同约定中告知，甲方应为乙方的生产工作提供合乎规定的劳动保护设施、劳动防护用品及其他劳动保护条件。乙方应严格遵守各项安全操作规程。甲方必须自觉执行国家有关女职工劳动保护和未成年工特殊保护规定。

第七条　劳务合同变更、解除、终止

一、经甲乙双方协商一致，可以变更劳务合同相关内容或解除劳务合同。

二、甲方有下列情形之一的，乙方可以解除劳务合同：

1. 未按劳务合同约定提供劳动保护或劳动条件的；

2. 未及时足额支付劳动报酬的；

3. 未依法缴纳社会保险费的；

4. 规章制度违反法律法规的规定，损害乙方权益的；

5. 以欺诈、胁迫的手段或乘人之危，使乙方在违背真实意思的情况下订立或者变更劳务合同致使劳务合同无效的；

6. 法律法规规定乙方可以解除劳务合同的其他情形。

三、乙方有下列情形之一的，甲方可以解除劳务合同：

1. 在试用期间被证明不符合录用条件的；

2. 严重违反甲方规章制度的；

3. 严重失职、营私舞弊，给甲方造成重大损害的；

4. 同时与其他用人单位建立劳动关系，对完成甲方的工作任务造成严重影响，或者经甲方提出，拒不改正的；

5. 以欺诈、胁迫的手段或乘人之危，使甲方在违背真实意思的情况下订立或者变更劳务合同致使劳务合同无效的；

6. 被依法追究刑事责任的。

四、有下列情形之一的，劳务合同终止：

1. 劳务合同期满的；

2. 乙方开始依法享受基本养老保险待遇的；

3. 乙方死亡，或者被人民法院宣告死亡或者宣告失踪的；

4. 甲方被依法宣告破产，被吊销营业执照、责令关闭、撤销或者甲方决定提前解散的；

5. 法律、行政法规规定的其他情形。

第八条　违反劳务合同的责任

甲方违法解除或终止本合同，应向乙方支付赔偿金；乙方违法解除本合同，给甲方造成经济损失的，应依法承担赔偿责任。

第九条　双方需要约定的其他事项

（略）

第十条　其他

1. 本合同在履行中发生争议，任何一方均可向劳动争议调解委员会申请调解，也可向劳动争议仲裁委员会申请仲裁。对仲裁裁决不服的，可以向人民法院起诉。

2. 本合同依法订立，双方签字盖章后生效，双方必须严格执行。

3. 本合同一式两份，甲乙双方各执一份。

甲方：××市地铁集团有限责任公司　　　　　乙方：

运营公司分公司（盖章）

法定代表人：×××

签字日期：　　年　　月　　日　　　　　　签字日期：年　　月　　日

评析 这是一份比较规范的劳务合同，内容包括劳务合同期限、工作内容和工作地点、工作时间和劳动报酬等，明确了双方的权利和义务，这既能保障求职者的劳动权益，也能保证用人单位合理使用劳动力。合同语言简练，要素齐备，可以减少和防止劳动争议的发生。

写作指南

劳务合同的结构和写作方法

一、标题

标题一般由“劳务合同的性质或内容+文体”组成,如“实习大学生劳务合同”,“××公司职工劳务合同”,也有的只写“劳务合同”这几个字。

二、订立合同双方

订立合同双方即订立劳务合同的当事人名称或者姓名。要准确写出用人单位的全称、全名。通常用人单位的法定代表人(或者委托代理人)为甲方,职工本人(或求职者)为乙方。

三、引言

引言即劳务合同的开头,主要写明甲乙双方根据《中华人民共和国劳动法》和政府有关规定,按照平等自愿、协商一致的原则订立合同。

四、主体内容

劳务合同的主体内容包括以下几方面。

(1)合同期限,可分为固定期限、非固定期限和试用期限等类型。

(2)工作内容,包括乙方的工作岗位、工作任务或职责。

(3)工作时间指甲乙双方商定的工作时间。

(4)工资待遇,包括工资的执行形式和标准,其中须标明试用期与试用期满的工资标准。

(5)劳动保护和劳动条件,包括甲方提供的工作场所,以及按有关规定保障、保护乙方的健康及相关权益的措施。

(6)社会保险和福利待遇,包括在合同期内,甲方应依法为乙方办理及提供的相关的社会保险和福利待遇。

(7)劳动纪律,包括甲乙双方就有关规章制度的制定、遵守、履行、考核和奖惩等方面的约定。

(8)合同的变更、解除和终止。甲乙双方约定的合同的变更、解除和终止的具体条件。

(9)违约情形及责任。甲乙双方约定的具体的违约情形及违约责任。

(10)调解及仲裁。甲乙双方在履行本合同时假如发生争议，将以协商解决、申请调解、申请仲裁、向人民法院提起诉讼等类型中的何种方式解决争议，以及在时间和程序方面的约定。

五、结尾

结尾对劳务合同进行必要的说明。如劳务合同有未尽事宜的，将按国家和地方的有关政策规定办理；在合同期内，若劳务合同条款有与国家、省有关劳动管理新规定相抵触的，按新规定执行；劳务合同的份数、保管及有效期；劳务合同所附的表格、图纸、实物等附件。

六、落款

落款为甲乙双方单位全称和代表姓名，并签名盖章，还应写上劳务合同双方的有效地址、邮政编码、电子邮箱、电话以及开户银行和银行账号等。

大中专学生签订劳务合同的注意事项

作为职场新人，大学生签订一份能使自己的权益最大化的合同是一门重要的学问，在与用人单位签订劳务合同时，应认真审查，小心论证。一般情况下，应注意以下几方面。

(1)合同的形式和内容。

虽说合同的形式很随意，但必须有双方当事人，有合同条款，有日期。合同为一式两份，劳动者一份，用人单位一份。

(2)试用期。

在试用期内，毕业生可以随时提出离开用人单位，而不需要承担违约责任；而用人单位必须能举证证明劳动者不符合录用条件才可以解除劳务合同。

合同应该在试用期之前签订，在劳务合同的期限内，在试用期劳动者有权享受各项社会保险。

关于试用期的长短，《中华人民共和国劳务合同法》规定，劳务合同期限3个月以上不满1年的，试用期不得超过1个月；劳务合同期限1年以上不满3年的，试用期不得超过2个月;3年以上固定期限和无固定期限的劳务合同,试用期不得超过6个月。

国家机关、高校、研究所一般采用见习期,通常为1年,1年后考虑转正。劳动者可以在法律规定范围内和用人单位共同协商试用期的长短,并在合同上注明。

国家法律法规还规定了试用期的工资不能低于当地的最低工资标准,因此,如果毕业生在试用期工资低于当地最低工资,可要求用人单位增加。

(3)明确工资类型。

签订劳务合同时,毕业生要明确自己所获得的工资是税前工资还是税后工资。税前工资包含了劳动者依法应当承担的个人所得税,劳动者实际拿到的工资是税前工资减去个人所得税和“五险一金”所剩下的金额。如果用人单位承诺支付的是税后工资,大家一定要用人单位在合同中予以明确,否则发生争议时将被认定为税前工资。

(4)关于“五险一金”。

“五险”包括养老保险、医疗保险、失业保险、工伤保险和生育保险,“一金”指的是住房公积金。养老保险、医疗保险和失业保险是由企业和个人共同缴纳保费,个人承担的费用从工资里扣除;工伤保险和生育保险完全是由企业承担的。“五险”是法定的,“一金”不是法定的。

(5)明确双方违反劳务合同的责任。

违约责任中应该包括双方的责任,有些合同只规定了劳动者违约的责任,对用人单位的责任只字不提,大家应与用人单位协商约定双方的责任。

格式合同是指当事人一方预先拟定合同条款,对方只能表示全部同意或者不同意的合同。一些用人单位对毕业生出具格式合同,在这个过程中,用人单位处于主导权。因此,大家如果发现用人单位出具的是格式合同,最好提出异议。如果改变不了签订格式合同的命运,要注意劳务合同中的空白条款,双方可以协商约定,把约定好的内容填上去。

(6)注意培训及其费用。

如果是非技术性培训,用人单位是不应该收费的。如果是技术类的培训,毕业生若是在试用期内辞职的,无须赔偿培训费。在试用期满后辞职的,应赔偿培训费用。还有一种特殊的培训称为培训服务期,即用人单位出资为特定劳动者提供特殊培训,用人单位可以与享受这些特殊待遇的劳动者约定一个附属期限,即服务期，在这个期限内劳动者不能随意跳槽。因此，如果有相关的约定应当在合同中予以明确。

(7)谨防“押金”“风险金”等费用。

一些用人单位在签订合同前擅自向毕业生索要各种费用，如“押金”“风险金”“培训费”等，这些做法是违反法律的相关规定的。

(8)保护好自己的证件。

用人单位在签订合同时通常要看毕业生的各种证件，用人单位看证件可以，但不要让他们把证件的原件拿走，用人单位没有权利向毕业生索要原件留底。

(9)注意用人单位的签字。

签字时最好能在约定的场合双方一起签字，比如，在单位的办公室。有些不法分子仿造一些公认比较好的单位的签名，以骗取劳动力。因此，大家在签合同时一定要注意场合。

(10)了解用人单位的规章制度。

在签订劳务合同时，一些单位会拿出《员工手册》之类的文件让毕业生签收，签收之后就意味着大家了解了文件的内容并同意文件里的规定。在这里，建议大家在签收前认真阅读文件，尤其是在试用期内，用人单位通常会以违反单位规章制度而不符合条件为由解雇劳动者。

(11)关于三方协议。

三方协议是由毕业生、用人单位和学校三方就学生就业方向签订的一种协议。当毕业生到用人单位报到、用人单位正式接收后，就业协议自行终止，双方的劳动关系以劳务合同为准。因此，毕业生与用人单位建立正式劳动关系时，应当签订劳务合同，并使劳务合同和就业协议一致。

(12)合同纠纷的解决办法。

如果用人单位无正当理由解除劳务合同，企业中若有劳动争议调解委员会，劳动者可请求其调解。若不愿调解，劳动者可直接向仲裁机构申请仲裁。对仲裁结果不服时，劳动者与用人单位双方皆可向法院提起诉讼。仲裁程序为法定程序，劳动者与用人单位双方都不允许直接向法院提起诉讼，必须先经过仲裁程序。

最后要强调的一点就是，在签订合同时，毕业生有任何疑问，都要大胆地询问，尤其是对表达不清楚或不明确的地方，一定要细问并在合同中以明确的语词表达出来。

情景训练

根据情景设定完成训练任务。主观作答(5 分)。

训练任务:王慧敏 2019 年从大专院校外贸类专业毕业,欲与外贸公司签订劳务合同,签订劳务合同时,她知道她就职的这家公司在全国各地有几家分公司,于是,她想在劳务合同中约定她的工作地点就是温州,她应该怎样签订这份劳务合同呢?

实施要求:将班级学生分为四组,扮演公司法人代表,检查同学们拟写的劳务合同是否有漏洞,要求每个学生都撰写一份劳务合同递交给其他小组进行筛选,合同条款严谨的将被评为优秀作品并进行课堂展示,其作者将获得课程加分。

训练过程:

A 线应聘者:学习劳务合同相关法律知识→掌握劳务合同的格式和内容→了解签订劳务合同的注意事项→撰写劳务合同→递交劳务合同。

B 线招聘方:学习劳务合同相关法律知识→收集应聘者上交的劳务合同→完成对劳务合同的阅读、评审工作→确定优秀作者→进行优秀作品展示。

评价标准:本任务采用自评、互评、教师评价相结合的方式进行评价,具体评价分值占比:模块分值(5 分)= 30%(教师)+40%(小组)+30%(个人)。

1. 组内互评:四个小组扮演的企业法人代表对收到的合同进行评价,在收到的合同中挑选 3 份优秀的发出签订合同通知,收到通知的学生可加 2 分,未收到通知的学生加 1 分。

2. 教师评价:老师对所有学生的合同进行教师评价,最高可加 1.5 分。

3. 自我评价:每个学生针对自己撰写的合同进行自我评价,最高可加 1.5 分。

扩展练习

分组指出下面的劳务合同的错误之处，由小组代表总结本组找出的错误，给准确找出错误最多并加以修改的小组加分。主观作答(3 分)。

××旅游职业技术学院临时用工合同

一、单位名称：××旅游职业技术学院 （甲方）

二、所用人员： （乙方）

三、由于我校在校生人数增多，现有员工满足不了学校管理的需要。为加强对学生宿舍的管理，我校特意聘用临时人员作为学生宿舍管理员，协助学校负责学生宿合的清洁卫生、学生管理等工作，校方按有关规定付给聘用者相应的劳务报酬。

四、学生宿舍管理员的职责范围：负责所属学生宿舍楼层过道、厕所的清洁打扫工作。

五、校方要求学生宿舍管理员各司其职，爱岗敬业，对学生要有爱心，发现问题能及时处理或汇报校方。

六、校方所聘临时人员的报酬按国家有关规定给付。

××旅游职业学院

2019 年 9 月 1 日

任务总结

主观作答(2 分)。

反思总结	收获感想

考核评价

评分项	分值	评分要求	得分
基础知识	2 分	自主学习，掌握劳务合同相关基础知识要点	
情景训练	5 分	独立完成劳务合同的撰写，要求格式无错误，表述正确，能够彰显自身优势	
拓展练习	3 分	分小组完成例文的点评，团队合作，组长积极作答，给找出错误点最多的小组加分	
任务总结	2 分	认真完成各环节，提升写作素养，填写任务总结	

注：教学视频可扫描二维码观看。

任务四　岗位竞聘书

基础信息

工单编号	C2301111110560	**工单名称**	岗位竞聘书
工单类型	基础型工单	**面向专业**	各专业通用
工单大类	基础课程	**能力面向**	专业技术能力
职业岗位	全系列岗位		
实施方式	模拟实施	**考核方式**	演讲汇报
工单难度	较易	**前序工单**	
工单分值	12 分	**完成时限**	2 课时
工单来源	校内开发	**建议组数**	4 组
组内人数	10 人	**工单属性**	私有工单
版权归属	闫安	**附件资源**	1 个
考核点	掌握岗位竞聘书的基础知识、完成岗位竞聘书的撰写		
工单简介	本工单采用情景教学法,要求学生掌握撰写岗位竞聘书的写作要点,能够独立完成岗位竞聘书的撰写		
设备环境	多媒体教室		
教学方法	1. 项目教学法,在深入参与项目活动的过程中掌握应用文相关知识与写作技巧,让学生主动参与、有目的地展开自主学习,变被动学习为主动学习。 2. 情景教学法,根据教学目标,准确把握教学重点、知识点,创设任务情境,任务情境贯穿于教学的全过程,激发学生学习的兴趣和好奇心。把教学目标转化、分解为学生任务的学习目标。 3. 案例分析法,采用例文介绍的方式,给出完成该写作文体的思路、流程和格式,引导学生思考该文体的写作思路,注意事项,提升写作素养。 4. 分组探究法,由学习组长组织进行任务扩展的探究,通过小组合作学习,进一步巩固知识,充分发挥学生自主学习能力,提高团队协作能力		
用途说明	应用文是现代社会人们在工作、学习、生活中经常用到的信息交流工作工具,因此每个人都应该掌握应用文写作的基本知识和技能。对于即将步入社会的中高职生来说,学校更应该注重对其进行这方面能力的培养和训练,以适应实际生活和工作的需要		
工单开发	闫安	**开发时间**	2023-06-01 15:10

实施人员信息

姓名		班级		学号		电话	
隶属组		组长		岗位分工		伙伴成员	

任务目标

知识目标

掌握岗位竞聘书的相关基础知识。

能力目标

能够根据工作需要,规范完成岗位竞聘书的撰写。

素质目标

1. 通过小组合作,提升学生团队合作意识。
2. 培养学生综合素质和应用文写作素养。

任务说明

任务背景

公开竞聘是当下很多单位和企业选拔人才的重要方式。随着社会竞争的日益激烈,大学毕业生的求职也都面临竞职、竞聘的考验,如何在竞聘演说现场抓住机会,充分展示自己的学识和才能,给观众和评委留下良好的印象,是现代职场人在职业发展的道路上必须掌握的一项重要技能。

任务描述

陈雯是某高职学院财会专业的一名毕业生,经过招聘在华南公司担任出纳已有两年多年时间,并在工地上实习了半年之后转到了机关,期间一直担任着出纳的职务,三年时间的历练让她懂得要成为一名合格以及优秀的财务人员,不仅要有非常好的职业操守和技能,还要有丰富的工作经验经过近三年的锤炼,她认为自己能胜任单位会计一职,便决定竞聘这一岗位。

任务需求

通过岗位竞聘书写作的学习,掌握岗位竞聘书撰写的重难点,能够撰写一份符合应聘要求的岗位竞聘书。

基础知识

请同学自主学习基础知识内容，并提交学习笔记。主观作答(2分)。

基础知识收集

旧书不厌百回读，熟读深思子自知。

——苏轼

一、岗位竞聘书的定义

岗位竞聘书是竞聘者为竞争聘任某一工作岗位而准备的书面文稿，其主要内容是阐述自身的竞争优势及被聘任后的工作设想和打算。一般来说，岗位竞聘书只需交给单位领导或部门负责人即可，而有的竞聘书则需在特定场合面对特定的对象当众宣读，所以岗位竞聘书有时也被称为竞聘演讲词。

二、岗位竞聘书的类型

1. 技术岗位竞聘书

技术岗位竞聘书是指竞聘的岗位技术含量高，重在表述自己的技术能力和推进技术工作方略的竞聘书。

2. 行政职务岗位竞聘书

行政职务岗位竞聘书是指竞聘的岗位属于行政岗位，重在表述自己的行政能力和施政方略的竞聘书。

三、岗位竞聘书的特点

1. 竞争性

竞聘演讲的全过程就是评审者和听众在竞聘者之间进行比较与选择的过程，所以要充分显示"人无我有，人有我优，人优我特"的竞争优势。

2. 目的性

竞聘者参与竞聘的目的只有一个，即成功获得竞聘的职位。竞聘的内容、材料、结构、语言等方面都必须围绕和针对竞争目标进行组织。

3. 生动性

语言要有感染力和说服力，要能够充分吸引评审和听众。

4. 自评性

在阐述自己的知识、能力能否胜任竞聘职务时，要客观公正地评价自己，既要充分地肯定自己，但也不要虚夸，要给评审留下谦逊、踏实的印象。

例文赏析

高级教师岗位竞聘书

尊敬的学校领导：

本人郭洪睿，男，汉族，中共党员，1989 年 12 月出生，2015 年 7 月××学院物理专业毕业，2015 年分配到安顺开发区参加教育教学工作，2022 年 3 月取得高级教师任职资格。

本人热爱中国共产党，认真贯彻执行党的各项方针、政策，积极学习邓小平理论和实践“三个代表”重要思想，遵守国家法律法规，具有高度的政治责任感。在教育工作中，以教书育人为天职，热爱教师，安心教育，服从领导，严于律己，遵纪守法，以身作则，为人师表，团结同志，热爱学生，勤勤恳恳做好本职工作，受到学生家长的好评。本人刻苦钻研，虚心学习，讲求实效，对每一个学生负责，符合高级教师条件，现申请聘任高级教师职务。

在教学方面，本人能适应教学改革，每学期都能依据教学大纲制订教学计划，备课做到“四备六熟”，上课做到精讲多练，批改做到精批细改，辅导做到耐心分析，帮助学生寻找学习问题，测试做到有测必改，有测必评。本人始终以课堂教学为中心，切实推行“以教师为主导，以学生为主体”的授课原则，结合学生的年龄特点和承受能力合理设计每一节课。在学校每学期两次常规教学工作检查中，本人所写的教案以及作业批改获得领导和同行的一致好评。

对学生，本人做到率先垂范、为人表率、珍爱学生，讲课形式多样，追求实效，达到春风化雨、润物无声的效果，形成良好的、和谐平等的育人氛围。身教重于言传，教师是学生的榜样，学生会模仿教师。本人自觉遵守学校的一切规章制度，积极参与学校开展的一切活动，充分发挥自己的优势，树立“学校是我家”，学校发展我发展的“双赢”观念。在班集体的管理中，遵循学生可持续发展的目标实施管理，面向学生未来，防微杜渐，少批评多鼓励，防患于未然，树立班级科学化管理，形成具有鲜明个性的班级文化。

在校研修中，本人还积极参加教研活动，担任数学科教研组组长，在科组中积极发言，虚心学习，共同进步。本人认真学习新的教学理论，每学期都主动承担一节公开课或尝试课，每学期听课不少于10节。在教学中，本人还注意总结教学经验，多篇论文、课件获省、市、区级奖项，连续三年年度考核为优秀。本人以“师德的楷模，育人的典范，教学的专家”为奋斗目标，将学生的成长、学校的发展作为己任，严格以高级教师的标准要求自己，研究教学，进一步向专业型教师发展。所以，为了督促自己向更高的教育目标进取，适应教育形势的发展要求，现特申请聘任高级教师职务，望学校领导批准为谢！

特此申请

申请人：郭洪睿

2022年6月23日

评析 这篇岗位竞聘书的开头用诚挚的语言表达自己竞聘的决心。接下来在正文中简要介绍自己的有关情况，介绍自己竞聘的基本条件、竞聘的岗位，然后表明自己任职后的打算。最后表达了自己的决心，这使听众对竞聘者有了充分的了解和认识，从而鉴别其是否能胜任该职位。

写作指南

岗位竞聘书的结构和写作方法

岗位竞聘书一般包括标题、称呼、正文和落款。

一、标题

标题的写法一般有三种：其一，文体式标题，如“竞聘书”；其二，“竞聘岗位名称+文体”式标题，如“办公室主任竞聘书”；其三，文章式标题，如“实实在在做事”竞办公室主任的竞聘书。

二、称呼

称呼即对评委或听众的称呼。一般用“各位领导、同志们”“各位评委”“各位听众”。前面也可加“尊敬的”加以修饰。

三、正文

1. 开头

精彩而有力的开头非常重要。在竞聘演讲中，常用下面的方式来开头。

（1）以诚挚的语言表达自己的谢意。例如，“我非常感谢各位领导、同志们给了我这次的机会”。

（2）具体介绍姓名、学历、职务、经历等。例如，“我叫×××，2012 级会计金融专业学生，2012 年 10 月加入系学生会，现任系学生会学习部干事”。

（3）阐述竞聘演讲的主要内容。这种方法能使评选者一开始就明了竞聘者的演讲主旨。例如，“我今天演讲的内容主要有两部分：一是我竞聘项目团队队长的优势，二是谈谈做好项目团队队长的工作思路等。”

2. 主体内容

主体内容部分旨在让听众了解竞聘者对竞聘岗位的认识和当选后的打算。所以，竞聘演讲的主体内容部分应该包括以下几方面。

（1）简介自己应聘的基本条件，说明为什么要应聘、凭什么应聘等问题。在这部分，竞聘者应该以直率的语言，明确表达自己的竞聘动机、条件以及工作目标、措施，给人留下“说真话，干实事”的印象。

其中，竞聘条件是关系到竞聘者能否被聘任的重要因素之一，竞聘者在介绍时，首先一定要有针对性，即针对竞聘的岗位来介绍；其次要提供有说服力的实例，用事实来说话。

（2）阐明自己任职后的打算。在竞聘演讲中，评选者最关心的是竞聘者任职后的打算。因此，竞聘者在竞聘演讲时，一定要紧紧围绕听众关心的热点、难点问题，提出明确的工作目标和切实可行的措施。

3. 结尾

演讲的结尾会给听众留下深刻的印象，竞聘演讲稿的结尾一般应表明自己对竞聘成败的态度，表达自己对竞聘上岗的信心，并期望得到评选者的支持等。

4. 落款

落款包括竞聘者姓名和竞聘时间。现场演讲无须读出落款。

【岗位竞聘书写作模板】

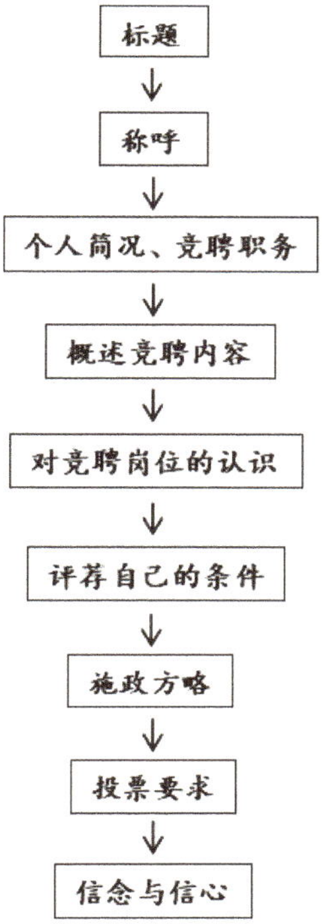

××××(职位)竞聘书

尊敬的××、各位评委:

下午好!我叫×××,现任×××。今天,我走上讲台来竞聘××××(职位)。非常感谢×××××给了我这么一个展示自我、参与竞争的机会。我十分珍惜这样一个难得的机会。我将客观地说明自己所具备的竞聘能力,全面地论述我对做好××××××工作的总体思路和具体措施,并将心悦诚服地接受各位××和评委的评判。

××××(职位)是××。

我认为自己符合××××(职位)的任职条件,理由有三个:首先,×××××××××××××××××;其次,××××××××××××××××;最重要的,是我有××××××××××××××××××××××××××。

假如大家信任我,我上任后将和部门成员认真做好如下五项工作:

一、××××××××××××××××××××××××;

二、××××××××××××××××××××××××;

…………

今天您给我一个舞台,明天我还给大家一份成就!

请投我一票!

谢谢大家!

××××

×年×月×日

写作技巧

竞聘书的写作技巧,即一个中心、两个重点、三个关键。

一个中心:以竞聘岗位为中心。

两个重点:一是谈竞聘者的优势;二是谈今后工作的思路。

三个关键:一要心中有听众;二要心中不忘自己;三要充分展示人格魅力。

写作秘籍

竞聘书写并不难,标题称呼写在前。

基本情况要简洁,正文注意三要点。

竞聘岗位为中心,优势思路两重点。

不要忘记三关键,展示才能魅力现。

注意事项

(1)介绍好个人简况。个人简况要真实、简要,与竞聘职务无关的一般不介绍。

(2)突出自己的优势。优势往往是“人无我有”或“人有我强”的特殊能力,以求更好地引起评委和听众的特别关注。

(3)阐述好对竞聘岗位的认识。对竞聘岗位的职能、职权、工作范围、权利义务等必须有客观、深入且独到的认识。

(4)可行性施政目标的构想和措施。切忌信口开河,必须切实可行,能够让听众最大限度地认同。

(5)语言诚挚、朴实、力求口语化。

怎样做好竞聘演讲

竞聘演讲的重要特征是具有竞争性,而这种竞争的实质是争取听众的响应和支持,这要求演讲者注重评委和听众的选择意向和接受心理。一般说来,在竞聘演讲中,朴实又不乏生动的演讲风格比较合适。同时这种竞争绝不是对手之间的相互贬抑,而应是彼此对比。这就要求演讲者善于展示自己的特长,突出自身的优势,既要在演讲内容、语言气势和仪态气质上表现出一种强烈的自信,使听众产生靠得住的感觉,又要表现出一种谦恭的良好风度,给听众留下良好的印象。

好的竞聘演讲应做到以下几点。

(1)要有气势,“气盛宜言”。

著名演讲家戴尔·卡耐基曾说过:“不要怕推销自己。只要你认为自己有才华,你就应该认为自己有资格担任这个或那个职务。”当充满自信时,竞聘者站在演讲台上,面对众人,就会从容不迫,就会以最好的心态来展示自己。当然,竞聘中的自信必须建立在丰富的知识和经验的基础上。

(2)要情理交融。

在演讲过程中,竞聘者若表现出鲜明的理智,则会激发听众的信任感。但是,竞聘演讲同样需要情感的作用,用真挚而强烈的情感,使听众产生共鸣,从而使其确立有利于竞聘者的情感意向。

(3)态度要真诚老实。

竞聘演讲其实就是“毛遂自荐”。自荐,当然应该将自己优良的方面展示出来,让他人了解自己。但要注意的是,在“展示”时,态度要真诚老实,有一分能耐说一分能耐,不能为了自荐成功而说大话,说谎话。

(4)语言要简练有力。

老舍先生说:“简练就是话说得少,而意包含得多。”竞聘演讲虽是宣传自己的好时机,但也决不可“长篇累牍”。应该用简练有力的语言把自己的思想表达出来。

总之,竞聘是一个很严肃的过程,对一个组织来说,竞聘可以使它找到合适的管理人才;对应聘者来说,竞聘现场是展示个人能力、寻找事业发展契机的好机会。因此,无论是发表竞聘演讲还是进行竞聘答辩,自信而稳重的态度、简洁而鲜明的表达方式,以及对所竞聘工作的深刻认识应该始终是竞聘者表现的重点。

情景训练

根据情景设定完成训练任务。主观作答(5 分)。

训练任务:你了解学校学生会干部和学生社团的竞选流程吗?假设你们学校将进行学生会竞选,请作为候选人之一的你发表竞聘演讲。根据个人意愿,拟写一份竞聘书,为今后工作发展积累所需经验。

实施要求:将班级学生分为四组,扮演学生会领导,聆听同学们的竞聘演讲。为了让每位学员都能获得一次竞聘的体验,要求每个学生都撰写一份竞聘演讲稿并宣读,由其他小组进行打分,得分高的将被评为优秀作品并进行课堂展示,其作者将获得课程加分。

训练过程:

A 线应聘者:收集整理岗位竞聘书的所有基础知识→归纳整理写作知识→认真阅读岗位说明→报名参加竞聘→撰写岗位竞聘书→参加竞聘演讲→参加竞聘答辩。

B 线招聘方:收集、整理其他团队岗位竞聘书→投票选举→公布竞聘结果→竞聘成功者就职宣誓。

评价标准:本任务采用自评、互评、教师评价相结合的方式进行评价,具体评价分值占比:模块分值(5 分)= 30%(教师)+40%(小组)+30%(个人)。

(1)组内互评:四个小组扮演的学生会领导对收到的竞聘演讲稿进行评价,挑选 3 份优秀的发出现场演示通知,收到通知的同学可加 2 分,未收到通知的学生加 1 分。

(2)教师评价:老师对所有学生的竞聘演讲稿进行教师评价,最高可加 1.5 分。

(3)自我评价:每个学生针对自己撰写的竞聘演讲稿进行自我评价,最高可加 1.5 分。

扩展练习

分组指出下面岗位竞聘书的错误之处，由小组代表总结本组找出的错误，给准确找出错误最多并加以修改的小组加分。主观作答(3 分)。

岗位竞聘书

尊敬的人力资源部经理：

你好！

我叫李明新，2013 年毕业于黑龙江省××学校文秘专业，2014 年曾在××装饰公司担任文员。今天我要求职的岗位是总经理秘书。

我今天的要谈内容主要分两部分：一是我竞聘总经理秘书的优势；二是谈谈做好秘书工作的思路。

我虽然从未从事过秘书工作，但我在校期间一直是校团委、技能委的干事，曾在实习期担任过文员工作。具备一定的文字处理能力，协调策划能力，沟通交际能力。我的口号是“做一个值得信赖的秘书”。总结我自身的情况，我认为我有条件、有能力胜任总经理秘书的工作。如果我能竞聘成功，我将做好以下几项工作：

第一，协助总经理做好文字处理工作。打印、复印、保存文件。

第二，积极组织辅助总经理开展工作，尤其是接待来访客人工作。

第三，完成上传下达的信息沟通、交流工作。

第四，及时处理并解决总经理办公室涉及的其他工作如订票、接送站、总经理办公室环境清理等。

作为一名刚刚毕业的学生,我希望在竞争中获得成功。但是,我绝不会回避失败。不管最后结果如何,我都将“堂堂正正做人,兢兢业业做事”。

我今天的演讲虽然是毛遂自荐,但却不是王婆卖瓜,自卖自夸。我只是想向各位领导展示一个真实的我。我相信,凭着我的个人素质,我的爱岗敬业、脚踏实地的精神,我的工作热情,我的相关工作经验,我一定能把总经理办公室秘书的工作做好。请各位不要疑虑,给我一个机会,我决不会让大家失望。

各位领导、各位评委,请相信我!我将是一位合格的秘书。

任务总结

主观作答(2 分)。

反思总结	收获感想

考核评价

评分项	分值	评分要求	得分
基础知识	2 分	自主学习,掌握岗位竞聘书相关基础知识的要点	
情景训练	5 分	独立完成岗位竞聘书的撰写,要求格式无错误,表述正确,能够彰显自身优势	
拓展练习	3 分	分小组完成例文的点评,团队合作,组长积极作答,给找出错误点最多的小组加分	
任务总结	2 分	认真完成各环节,提升写作素养,填写任务总结	

注:教学视频可扫描二维码观看。

项目二 自主创业

项目背景

项目导入

本项目以自主创业为背景，采用情景教学的教学方法，学习从公司开业、宣传策划等创业过程中所需的文体撰写，为之后学生创业打下基础。

电子商务专业曹丽影从黑龙江省商务学校毕业之后，在一家电商孵化基地实习并工作三年。他发现目前网络销售行业正在蓬勃发展，直播带货优势尤其明显：营销成本低，互动性强，品牌曝光度高。于是曹丽影和几个同学决定利用所学的电子商务营销和管理技能，策划成立一家直播传媒公司。公司成立之前，作为公司的创立者，他要在公司成立过程中完成哪些应用文写作任务？

写作规则

本项目分为四个任务，包括撰写申请书、方案、启事、海报。具体的项目规划如下。

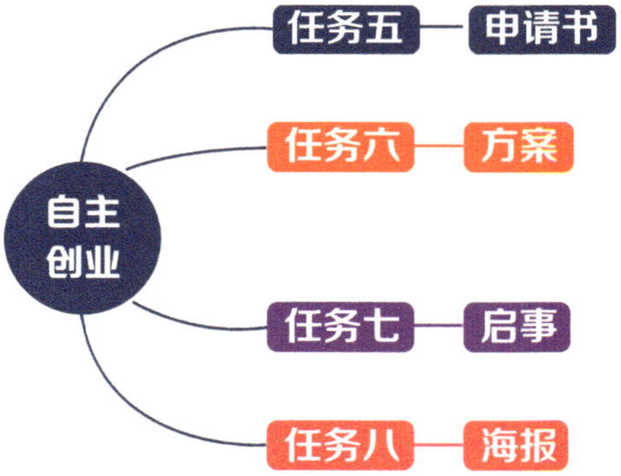

任务五　申请书

基础信息

工单编号	C2301111110562	**工单名称**	申请书
工单类型	基础型工单	**面向专业**	各专业通用
工单大类	基础课程	**能力面向**	专业技术能力
职业岗位	全系列岗位		
实施方式	模拟实施	**考核方式**	操作演示
工单难度	较易	**前序工单**	
工单分值	12 分	**完成时限**	2 课时
工单来源	校内开发	**建议组数**	4 组
组内人数	10 人	**工单属性**	私有工单
版权归属	苑晓路	**附件资源**	1 个
考核点	掌握申请书的基础知识、完成申请书的撰写		
工单简介	本工单采用情景教学法，让学生掌握求职信的基础知识和技巧，并能够独立撰写出一份完美的申请书		
设备环境	多媒体教室		
教学方法	1. 项目教学法，在深入参与项目活动的过程中掌握应用文相关知识与写作技巧，让学生主动参与、有目的地展开自主学习，变被动学习为主动学习。 2. 情景教学法，根据教学目标，准确把握教学重点、知识点，创设任务情境，任务情境贯穿于教学的全过程，激发学生学习的兴趣和好奇心。把教学目标转化、分解为学生任务的学习目标。 3. 案例分析法，采用例文介绍的方式，给出完成该写作文体的思路、流程和格式，引导学生思考该文体的写作思路，注意事项，提升写作素养。 4. 分组探究法，由学习组长进行组织任务扩展的探究，通过小组合作学习，进一步巩固知识，充分发挥学生自主学习能力，提高团队协作能力		
用途说明	应用文是现代社会人们在工作、学习、生活中经常用到的信息交流工作工具，因此每个人都应该掌握应用文写作的基本知识和技能。对于即将步入社会的中高职生来说，学校更应该注重对其进行这方面能力的培养和训练，以适应实际生活和工作需要		
工单开发	苑晓路	**开发时间**	2023-06-01 15:16

实施人员信息

姓名		班级		学号		电话	
隶属组		组长		岗位分工		伙伴成员	

任务目标

知识目标

掌握申请书的相关基础知识。

能力目标

能够根据工作需要，规范完成申请书类文书的写作。

素质目标

1. 通过小组合作，提升学生团队合作意识。
2. 培养学生综合素质和应用文写作素养。

任务说明

任务背景

申请，是指向上级说明理由，提出请求。在当今社会，需要申请的场合越来越多。通过申请书我们可以提出自己正当合理的请求。申请书是一种专用书信，它同一般书信一样，也是表情达意的工具。申请书的使用范围广泛，办理贷款需要写贷款申请书，办理助学金需要写助学金申请书，想要入党需要写入党申请书等。

任务描述

曹丽影是个有闯劲有思想的年轻人，目前要创业，亟待解决的问题就是资金不足。为了申请贷款，她给银行递交了一份贷款申请书，下面让我们来看看具体内容。

任务需求

通过申请书写作的学习，掌握申请书撰写的重难点，能够撰写一份符合银行认可的申请书。

基础知识

请同学自主学习基础知识内容，并提交学习笔记。主观作答（2 分）。

基础知识收集

志不强者智不达，言不信者行不果。

——墨子

一、申请书的定义

申请书是个人或集体向组织、机关、企事业单位或社会团体表述愿望、提出请求时使用的一种文书。申请书的使用范围广泛，申请书也是一种专用书信，它同一般书信一样，也是表情达意的工具。

二、申请书的种类

（1）思想政治方面的申请。

（2）工作、学习方面的申请。

（3）日常生活方面的申请。

三、撰写申请书需要准备的材料

（1）明确接受申请书的单位、组织或有关领导。

（2）申请项目相关的身份证、文件等。

例文赏析

创业贷款申请书

××银行××支行：

本人×××，女，出生于×年×月×日，家住××，2019 年毕业于黑龙江省××学校电子商务专业。现由于创立直播传媒公司需要，资金不足，特向贵单位申请创业贷款 150 000 元（大写：拾伍万元整）。

由于党和国家激励大中专学生自主创业的优惠政策、严峻的金融危机和就业形势，我选择了自主创业。在大量实习就业的社会实践中，我积累了一定的创业经验和创业思维，也希望能用自己的知识和力量改变命运。我公司优势在于创业团队均具备电子商务营销及管理能力，专业性强。目前网络直播、网红带货风头正劲，投资回报率高；流量时代，用户的参与度高；库存低，运输成本低，整体营销成本低。

如能如愿贷到款，我将管理好该项资金，全心致力于公司的发展，严格遵守还款规定，按期还款。我将积极承担社会义务，不懈努力，用心经营。

希望贵单位研究批准。

此致

敬礼

申请人：×××

2022 年 10 月 6 日

评析 本文标题是在“申请书”前加上内容，如例文“创业贷款申请书”。顶格写明接受申请书的组织。正文另起一行空两格，首先提出贷款要求，下一段申请理由写得客观、充分，事项写得清楚、简洁。结尾用礼貌用语“此致”“敬礼”。署名和日期的写作格式完全正确。

写作指南

申请书的结构和写作方法

一、标题

标题有两种写法，一种是直接写“申请书”，另一种是在“申请书”前加上内容，如“入党申请书”“调换工作申请书”等。

二、称呼

顶格写明接受申请书的单位、组织或有关领导，如“尊敬的校领导”。

三、正文

正文是申请书的主体，首先提出要求，其次说明理由。理由要写得客观、充分，事项要写得清楚、简洁。

四、结尾

结尾写明惯用语“特此申请”“恳请领导帮助解决”“希望领导研究批准”等，也可用“此致”“敬礼”等礼貌用语。

五、署名和日期

个人申请要写清申请者姓名，单位申请要写明单位名称并加盖公章，注明日期。

注意事项

(1)申请的事项要写清楚、具体，涉及的数据要准确无误。

(2)理由要充分、合理、实事求是，不能虚夸和杜撰，否则难以得到上级领导的批准。

(3)语言要准确、简洁，态度要诚恳、朴实。

特别提示

(1)申请书要一事一议，内容要单纯。

(2)要考虑对象。写申请书就是要让接受申请书的组织或领导看的，所以必须从这一特定的读者对象出发来确定申请书的内容与文字。接受申请书的人已经了解的事情可以少说或者干脆不说；对方不太了解而又有必要说明的地方，就要说清楚。

(3)申请书的正文部分如果篇幅较长，可以分段写作。

写作误区

(1)缺少顶格的称呼。

(2)申请事由不突出。

(3)申请理由不充分。

(4)结尾格式一团乱。

(5)落款书写不规范。

情景训练

根据情景设定完成训练任务。主观作答(5分)。

写作背景：我叫谢琳琳，来自旅游系22级酒店管理专业1班。我出生在一个贫穷而又落后的山村。家中有三口人，父母文化程度不高，在家打工。由于多年的劳累，父亲得了慢性病，母亲虽然在种地，也赚不到多少钱，所以全年收入十分微薄，家里也欠下了一定的债务。当我得到了黑龙江省××学校的录取通知书时，我意识到自己的机遇到来了，因为我终于可以学到梦寐以求的酒店管理知识，也许很快就能成为一名星级酒店管理人员，实现自己的理想。但是贫困的家庭条件无力支撑我的学业，而我又不想丧失学习专业技能的机会。知识能改变命运，我真的很想靠自己的能力改变自己和家庭的状况。

训练任务：请学生根据上文材料，写一份贫困生助学金申请书。

实施要求：将班级学生分为四组，扮演四个学生科相关工作负责老师，接受申请书的投递。为了让每位学生都能获得一次申请的体验，要求每个学生都作为申请者撰写一份申请书，并至少投递一份申请书到其他小组。四个小组收到申请书后，根据申请者的信息进行筛选，对认为符合条件的申请者发出通过通知，凡收到其他小组通过通知的学生，其申请书将被评为优秀作品，该学生将获得课程加分并对其作品进行课堂展示。

训练过程：

（1）收集整理申请书的所有基础知识→归纳整理写作知识→对个人申请材料进行认真梳理→撰写申请书→递交申请资料。

（2）收集、整理其他小组申请书→对收到的申请书进行筛选与评审→确定申请通过名单→发出申请通过通知书。

评价标准：本任务采用自评、互评、教师评价相结合的方式进行评价，具体评价分值占比：模块分值（5 分）= 30%（教师）+40%（小组）+30%（个人）。

（1）组内互评：四个小组扮演学生科相关工作负责老师对收到的申请书进行评价，在收到的申请书中挑选 4 份优秀的发出通过通知，收到通过通知的学生可加 2 分，未收到通知的学生加 1 分。

（2）教师评价：老师对所有学生的申请书进行教师评价，最高可加 1.5 分。

（3）自我评价：每个学生针对自己撰写的申请书进行自我评价，最高可加 1.5 分。

扩展练习

分组指出下面的申请书的不足之处，由小组代表总结本组找出的错误，给准确找出错误最多并加以修改的小组加分。主观作答（3 分）。

关于××市第一中学维修图书馆的申请

××市教育局基建处：

我校图书馆建于 1908 年，是一座具有徽派风格的古建筑。它既是师生学习的地方，又是我校的一座标志性建筑。但因年代久远，屋顶各种建筑材料均已严重老化，外墙整体也因日久风化而剥落。为了保护好这座古建筑，保留我校仅存的历史风貌，请马上拨出专款给予维修。

望派人员前来查看，共同研究有关事宜。

江海市第一中学

任务总结

主观作答（2 分）。

反思总结	收获感想

考核评价

评分项	分值	评分要求	得分
基础知识	2 分	自主学习，掌握申请书相关基础知识要点	
情景训练	5 分	能够根据工作需要，规范完成申请书类文书的写作。要求格式无错误，表述正确	
拓展练习	3 分	分小组完成例文的点评，团队合作，组长积极作答，给找出错误点最多的小组加分	
任务总结	2 分	认真完成各环节，提升写作素养，填写任务总结	

注：教学视频可扫描二维码观看。

任务六　方　案

基础信息

工单编号	C2301111110563	**工单名称**	方案
工单类型	基础型工单	**面向专业**	各专业通用
工单大类	基础课程	**能力面向**	专业技术能力
职业岗位	全系列岗位		
实施方式	模拟实施	**考核方式**	演讲汇报
工单难度	较易	**前序工单**	
工单分值	12 分	**完成时限**	2 课时
工单来源	校内开发	**建议组数**	4 组
组内人数	10 人	**工单属性**	私有工单
版权归属	苑晓路	**附件资源**	2 个
考核点	掌握方案的基础知识、完成方案的撰写		
工单简介	本工单采用情景教学法，要求学生掌握方案的写作要点，能够独立撰写出一份优秀又便于落实的方案		
设备环境	多媒体教室		
教学方法	1. 项目教学法，在深入参与项目活动的过程中掌握应用文相关知识与写作技巧，让学生主动参与、有目的地展开自主学习，变被动学习为主动学习。 2. 情景教学法，根据教学目标，准确把握教学重点、知识点，创设任务情境，任务情境贯穿于教学的全过程，激发学生学习的兴趣和好奇心。把教学目标转化、分解为学生任务的学习目标。 3. 案例分析法，采用例文介绍的方式，给出完成该写作文体的思路、流程和格式，引导学生思考该文体的写作思路，注意事项，提升写作素养。 4. 分组探究法，由学习组长进行组织任务扩展的探究，通过小组合作学习，进一步巩固知识，充分发挥学生自主学习能力，提高团队协作能力		
用途说明	应用文是现代社会人们在工作、学习、生活中经常用到的信息交流工作工具，因此每个人都应该掌握应用文写作的基本知识和技能。对于即将步入社会的中高职生来说，学校更应该注重对其进行这方面能力的培养和训练，以适应实际生活和工作的需要		
工单开发	苑晓路	**开发时间**	2023-06-01 15:20

实施人员信息

姓名		班级		学号		电话	
隶属组		组长		岗位分工		伙伴成员	

任务目标

知识目标

掌握方案的相关基础知识。

能力目标

能够根据工作需要，规范完成方案的写作。

素质目标

1. 通过小组合作，提升学生团队合作意识。
2. 培养学生综合素质和应用文写作素养。

任务说明

任务背景

凡事预则立，不预则废，一份详细、明确的方案对有效推进企业项目具有至关重要的作用。能够撰写一份优秀又便于落实的方案可以体现一个职场人的策划能力和写作水平。

任务描述

"双十一"即将到来，为了在这次购物狂欢节中吸引更多的流量和粉丝，再创销售高峰，××直播传媒公司设计了一份促销活动方案。下面让我们来看看具体内容。

任务需求

通过方案写作的学习，掌握方案撰写的重难点，能够撰写一份细致周密，操作性强的方案。

基础知识

请同学自主学习基础知识内容，并提交学习笔记。主观作答(2分)。

基础知识收集

谋定而后动，知止而有得。

——《诸葛亮集·将苑·治兵》

一、方案的定义

方案是从目的、要求、方式、方法、进度等都部署具体、周密，并有很强可操作性的计划。

二、方案的类型

1. 战略方案

战略方案是指为实现长期目标而制订的计划和策略。它通常涉及公司、组织或国家的整体发展方向和战略决策，如市场拓展、产品创新、品牌建设等。战略方案的制订需要考虑外部环境、内部资源以及竞争对手等因素。

2. 项目方案

项目方案是指为实现特定目标而策划和实施的一系列计划和活动。它通常涉及时间有限、目标明确的项目，如建设工程、科研项目、市场推广活动等。项目方案的制订需要考虑资源分配、任务分工、进度控制等因素。

3. 人力资源方案

人力资源方案是指为满足组织发展和人力资源管理需求而设计的一系列计划和措施。它通常包括人才招聘、培训发展、绩效管理、员工福利等方面，旨在提高组织的人力资源质量和效能。

4. 市场营销方案

市场营销方案是指为推广产品或服务而设计的一系列营销策略和活动。它包括市场调研、定位策略、产品开发、渠道选择、促销活动等，旨在提高产品的市场份额和品牌知名度。

5. 风险管理方案

风险管理方案是指为应对潜在风险和危机而设计的一系列措施和预案。它涉及风险评估、风险防范、应急响应等方面，旨在减少风险带来的损失和影响。

6. 环境保护方案

环境保护方案是指为保护和改善环境而设计的一系列措施和政策。它包括资源节约、污染治理、生态保护等方面，旨在实现经济发展与环境保护之间的平衡。

例文赏析

××直播传媒公司“双十一”促销活动方案

一、指导思想

在“双十一”活动期间，商家通常通过参加各大电商平台的促销活动以增加曝光率，提高品牌知名度。为增加我公司直播间在各平台的流量，提高销售业绩与企业形象，特制订此促销方案。

二、活动时间

2023 年 11 月 9 日至 2023 年 11 月 12 日。

三、活动方式

在淘宝、抖音、快手等平台进行促销直播。

四、活动主题

“双十一”轻松抢 5 折，品质不打折。

五、活动内容与细节

（一）产品促销

1. 单笔满 400 元立减 20 元或加送我公司无门槛代金券 10 元；

2. 单笔满 500 元立减 20 元或加送我公司无门槛代金券 15 元；

3. 单笔满 600 元立减 20 元或加送我公司无门槛代金券 20 元，以此类推；

4. 拍后 5 星+好评返还金额，根据总金额进行返还，比如 300 元以下返还 5 元，300~399 元返还 10 元，400 元以上返还 15 元！

（二）活动推广

1. 内部推广：活动套餐在直播间和网店首页醒目位置标出，此位置放本次活动详细介绍及套餐链接，套餐价格里一定要标出原价及折后价。

2. 外部推广：集合网络运营部全部推广人员，进行任务分配，在各大外围网站进行推广，推广时间为“双十一”前一周和“双十一”活动期间。

××直播传媒公司市场部

2022 年 10 月 25 日

评析 这是一份开展促销活动的方案，标题由单位名称、项目和文体三个要素组成。正文由指导思想、活动时间、活动方式、活动主题和活动内容与活动细节组成，格式完整，内容条理清楚，要求具体明确。

写作指南

方案的结构和写作方法

一、标题

标题主要有两种：一种是由单位名称、项目和文体三个要素构成，如“中央商城关于预防和应对突发事件的方案”；另一种是由单位名称、时限、项目和文体四个要素构成，如“永诚机电公司2007年度市场开发决策方案”。标题中的项目指的是研究、决策或活动的内容，文体也可以写成“展望”“安排”“对策”等。

二、正文

正文一般包括指导思想、任务目标、方法步骤、实施措施等内容。

指导思想主要写开展活动或进行决策的依据。可以列举上级的文件或有关政策法规，也可以援引本单位的发展规划、年度计划等。有的方案采用导语的形式，省略小标题或该项内容。

任务目标主要写本次活动或决策所要解决的问题和所要达到的目的。要把任务的内容、性质、起止时间、负责部门或人员等交代清楚，其中起止时间可根据情况在“方法步骤”中具体说明，负责部门或人员也可单列“组织机构”一项，写清人员姓名、所属单位或部门、身份、负责事项等。

方法步骤是方案的主体内容。可分条列出工作的内容、活动的步骤和方法。方法步骤的设定，一要注意全面性，不要遗漏某一个方面或某一项选择；二要注意可行性，必要时可在每一条后面注明负责的部门、人员或完成的时限。根据具体情况，可以对其中的安排或方法步骤进行比较论证。

实施措施主要写开展活动、完成任务的要求或保障措施。有时还可注明费用来源及数额。

正文最后可写上“以上方案，供领导审定”等习惯用语作为结束语，根据情况，也可以不加结束语。

三、结尾

结尾要写明撰写该方案的单位、部门名称或个人姓名以及日期。

注意事项

(1)要有政策观念和整体效益观念,所有的活动内容都必须以国家法规、政策为依据,所有的方法步骤都要围绕整体目标的实现来设定。

(2)要加强调研论证,方法步骤要具体明确,实施措施要切实可行。必要时,可针对任务目标提出两个以上方案,为领导提供充分的选择余地。

特别提示

(1)任务目标要明确具体。

(2)方法步骤要详细准确。

(3)落款时注意单位名称在上,成文时间在下。

写作误区

(1)思路不统一。

(2)忽略关键问题。

(3)忽视整体性。

(4)缺乏落地性。

情景训练

根据情景设定完成训练任务。主观作答(5 分)。

训练任务:为了锻炼学生劳动技能,培养学生热爱劳动的美德,学校组织学生参加劳动技能竞赛活动,内容要包含比赛时间、比赛项目、评选标准、奖项设置等。请学生根据上文材料,写一份竞赛活动方案。

实施要求:将班级学生分为四组,为了让每位学生都能获得一次参与的体验,要求所有组员都要点评其学生写作的方案,凡点评得到多数组员认可的同学,其方案将被评为优秀作品,该同学将获得课程加分并对其作品进行课堂展示。

训练过程:

(1)收集整理方案的所有基础知识→归纳整理写作知识→对搜集到的方案材料进行认真梳理→撰写方案。

(2)收集、整理其他同学写作的方案→对收到的方案进行筛选与评审→确定获得优秀方案的名单→给予奖励。

评价标准：本任务采用自评、互评、教师评价相结合的方式进行评价，具体评价分值占比：模块分值(5 分)= 30%(教师)+40%(小组)+30%(个人)。

(1)组内互评：由其他组员对收到的方案进行评价，能获得 80%认可的方案将被评为优秀作品，其作者可加 2 分，其余上交方案的学生做到格式正确并按照要求写作的加 1 分。

(2)教师评价：老师对所有学生的方案进行教师评价，最高可加 1.5 分。

(3)自我评价：每个学生针对自己撰写的方案进行自我评价，最高可加 1.5 分。

扩展练习

分组指出下面活动方案的不足之处，由小组代表总结本组找出的错误，给准确找出错误最多并加以修改的小组加分。主观作答(3 分)。

中小学生冰雪系列活动实施方案

为了增强广大中小学生爱家乡、爱冰雪的意识，培养更多的冰雪艺术人才，按照市教育局有关文件要求，结合我区实际，特制订哈尔滨市××区第二十九届中小学生冰雪系列活动实施方案，具体内容如下。

一、指导思想

认真落实市政府关于把哈尔滨市建设成为世界冰雪旅游名城，努力把哈尔滨冰雪节办成国际化大冰雪节的精神，进一步丰富全市中小学生的冬季课余生活，推动和谐校园建设。

二、活动主题

本届冰雪系列活动主题为“祖国明天更美好”。

三、活动内容

(1)组织参加第二十九届哈尔滨市中小学生冰雕、雪雕比赛(参赛事宜另行通知)。

(2)青少年冰雪冬令营活动。冰雪冬令营活动是北方独具特色的活动,是为广大青少年开展冬季校外活动的最好形式。各中小学校以学生自愿为原则,组织“冰雪大世界、雪博会”青少年冬令营活动。

活动时间:2022 年 12 月至 2023 年 1 月。

活动地点:本校校园。

参加对象:学校师生。

活动结束后要提交学校活动纪实照片,照片上要真实反映活动时间、场面、作品。(作为评优的佐证材料)

四、几点要求

(1)各中小学校要创造条件在校园内开展冰雪艺术系列活动,把冰雪活动和学校的教育教学结合起来,和开展道德实践、社会实践活动结合起来,丰富冰雪活动的内涵,突出思想性和艺术性,务求实效。

(2)各中小学校要把安全工作放在首位,做好安全预案,做到组织严密、责任到人,活动中不出现任何事故。

任务总结

主观作答(2 分)。

反思总结	收获感想

考核评价

评分项	分值	评分要求	得分
基础知识	2 分	自主学习,掌握方案的相关基础知识要点	
情景训练	5 分	能够根据工作需要,规范完成方案类文书的写作。要求格式无错误,表述正确	
拓展练习	3 分	分小组完成例文的点评,团队合作,组长积极作答,给找出错误点最多的小组加分	
任务总结	2 分	认真完成各环节,提升写作素养,填写任务总结	

注:教学视频可扫描二维码观看。

任务七　启　事

基础信息

工单编号	C2301111110564	**工单名称**	启事
工单类型	基础型工单	**面向专业**	各专业通用
工单大类	基础课程	**能力面向**	专业技术能力
职业岗位	全系列岗位		
实施方式	模拟实施	**考核方式**	演讲汇报
工单难度	较易	**前序工单**	
工单分值	12 分	**完成时限**	2 课时
工单来源	校内开发	**建议组数**	4 组
组内人数	10 人	**工单属性**	私有工单
版权归属	苑晓路	**附件资源**	1 个
考核点	掌握启事的基础知识、完成启事的撰写		
工单简介	本工单采用情景教学法，要求学生掌握撰写启事的写作要点，能够独立撰写一份有影响力的启事		
设备环境	多媒体教室		
教学方法	1. 项目教学法，在深入参与项目活动的过程中掌握应用文相关知识与写作技巧，让学生主动参与、有目的地展开自主学习，变被动学习为主动学习。 2. 情景教学法，根据教学目标，准确把握教学重点、知识点，创设任务情境，任务情境贯穿于教学的全过程，激发学生学习的兴趣和好奇心。把教学目标转化、分解为学生任务的学习目标。 3. 案例分析法，采用例文介绍的方式，给出完成该写作文体的思路、流程和格式，引导学生思考该文体的写作思路，注意事项，提升写作素养。 4. 分组探究法，由学习组长组织进行任务扩展的探究，通过小组合作学习，进一步巩固知识，充分发挥学生自主学习能力，提高团队协作能力		
用途说明	应用文是现代社会人们在工作、学习、生活中经常用到的信息交流工作工具，因此每个人都应该掌握应用文写作的基本知识和技能。对于即将步入社会的中高职生来说，学校更应该注重对其进行这方面能力的培养和训练，以适应实际生活和工作的需要		
工单开发	苑晓路	**开发时间**	2023-06-01 15:21

实施人员信息

姓名		班级		学号		电话	
隶属组		组长		岗位分工		伙伴成员	

任务目标

知识目标

掌握启事的相关基础知识。

能力目标

1. 能够根据工作需要，规范完成启事的写作。
2. 写作总结时能够运用辩证的观点总结经验教训。

素质目标

1. 通过小组合作，提升学生团队合作意识。
2. 培养学生综合素质和应用文写作素养。

任务说明

任务背景

在面向社会各界公开陈述、说明某些事项时或需要吸引、招徕公众参加某项活动时，我们可以借助广播、电视、报纸、期刊等新闻媒介公开宣传活动启事，也可以在人们活动频繁的场所或人员聚集地区公开张贴启事。这就需要我们熟练掌握启事的写作方法。

任务描述

××直播传媒公司开业前的筹备工作基本完成，为了扩大公司影响力，目前需要在网络和相关媒体进行大力宣传。开业启事的酝酿和写作便成了头等大事。让我们一起帮忙设计一则开业启事吧。

任务需求

通过启事写作的学习，掌握启事撰写的重难点，能够撰写一则符合要求的启事。

基础知识

请同学自主学习基础知识内容,并提交学习笔记。主观作答(2 分)。

基础知识收集

吾生也有涯,而知也无涯。

——庄子

一、启事的定义

启事是某单位或个人,为公开向人们告知、表白某事,并请求公众协助支持而写的文书。“启”含有陈述的意思,“事”即事情,“启事”就是公开陈述某件事情。

二、启事的类型

启事可分为三大类:一是征招类启事,如招生、招聘、招工、招领、征文、征婚、换房启事等;二是知照性(声明类)启事,如迁移、更名、开业、停业、竞赛、讲座、解聘等启事;三是祈请性(寻找类)启事,如寻人、寻物启事等。

例文赏析

××直播传媒公司开业启事

××直播传媒公司即将正式开业,我们将坚定不移地执行国家有关法规及经营活动实施的有关政策,努力营造良好的网络宣传、消费环境。我们会为您提供优质的商品、便捷的服务,以创新、实力和诚信的经营理念全心全意满足顾客的要求。

我们将全力以赴,以诚实守信、宽厚待人、真情交流的态度,与国内外各界人士精诚合作,不断改善服务,全心全意实现品牌的承诺,努力实现企业的辉煌发展。

诚挚邀请社会各界人士莅临我们的开业典礼,恭候您的到来!

开业时间:2023 年 3 月 1 日上午 10:16。

地址:哈尔滨市道外区南直路 496 号。

××直播传媒公司

2023 年 2 月 27 日

评析 这是一份开业启事。标题由发文单位、事由和文体构成。开业启事的目的是吸引顾客和客户，招徕生意，所以正文的写作突出了公司的经营范围、经营特点及经营理念。结尾写明了开业时间和地址，便于顾客光临。

写作指南

启事的结构和写作方法

一、标题

在第一行中间写启事的标题，如“招领启事”“寻物启事”“寻人启事”等，字体要稍大一点，十分醒目为好。

二、正文

启事的正文应另起一行，开头空两格。启事内容要具体，语言要简明扼要，使人一读就懂。例如，寻物启事要写清楚丢失物件的时间、地点、数量、颜色和形状的特征。而招领启事，只要写明拣到物品的时间地点就可以，不必写出数量和其他特征，让失主前来认领时自己说出来，以防被人冒领。

三、结尾

在正文的右下方，写启事人的姓名或单位名称以及启事的日期。有时为了方便别人与自己联系，还要在末尾写上联系地址和联系电话。

注意事项

“启事”和“启示”，是人们日常生活中用得较频繁但又容易混淆的两个词。遗失了东西，写一张“寻物启事”；某单位要招工，贴一份“招聘启事”。但是，上述“启事”却常被人写成“启示”，这类错误甚至见诸报刊上的广告用词，可见对这两个词的构成和它们各自的含义大有辨析的必要。我们从词的内涵的角度来辨析这两个词的差别。“启示”的意思是启发指示、使人有所领悟的意思。“启事”的“启”意为陈述表白，“事”意为事情，“启事”即为公开声明某事而刊登在报刊上或张贴在墙壁上的文字。因此，为寻找失物、招聘职工或其他事情写个文告，都应当称为“启事”。启事具有公开性、广泛性、实用性、随意性的特点。

特别提示

(1)招领启事,对于招领物的特征不能写得太具体,避免出现冒领情况。

(2)要写清启事者的落款和启事日期。

写作误区

(1)一是启事不是启示。

(2)二是启事内容含糊,表意不具体,要求不明确。

情景训练

根据情景设定完成训练任务。主观作答(5 分)。

写作材料:猫咪名字叫妞妞,呼唤名字懂得回应。妞妞现在 2 岁半,是一只橘黄色的母猫。两只前爪有黑白相间的花纹。于 2022 年 12 月 25 日上午 10 点左右在南岗区花园街附近走丢。猫咪主人及其联系方式:张女士 1565678××××。

训练任务:根据所给材料写一份寻猫启事。

实施要求:将班级学生分为四组,为了让每位学生都能获得一次参与的体验,老师要求所有组员都要点评其他人写作的启事,凡点评得到多数组员认可的同学,其启事将被评为优秀作品,该同学将获得课程加分并对其作品进行课堂展示。

训练过程:

(1)收集整理启事的所有基础知识→归纳整理写作知识→对搜集到的启事材料进行认真梳理→撰写启事。

(2)收集、整理其他同学写作的启事→对收到的启事进行筛选与评审→确定获得优秀启事的名单→给予奖励。

评价标准:本任务采用自评、互评、教师评价相结合的方式进行评价,具体评价分值占比:模块分值(5 分)= 30%(教师)+40%(小组)+30%(个人)。

(1)组内互评:由其他组员对收到的启事进行评价,能获得 80%认可的启事将被评为优秀,可加 2 分,其余上交启事的学生做到格式正确并按照要求写作的加 1 分。

(2)教师评价:老师对所有学生的启事进行教师评价,最高可加 1.5 分。

(3)自我评价:每个学生针对自己撰写的启事进行自我评价,最高可加 1.5 分。

扩展练习

分组指出下面启事的不足之处，由小组代表总结本组找出的错误，给准确找出错误最多并加以修改的小组加分。主观作答(3 分)。

失物招领启事

本商场二楼 1 号收银台在今天上午拾到黑色长方形真皮手提包一个，内装人民币 1 500 元，以及手机、钥匙和一包纸巾，望失主前来认领。

地点：××商场三楼办公室。

电话：××××××

××商场办公室

2022 年 10 月 15 日

任务总结

主观作答(2 分)。

反思总结	收获感想

考核评价

评分项	分值	评分要求	得分
基础知识	2 分	自主学习,掌握启事的相关基础知识	
情景训练	5 分	能够根据工作需要,规范完成启事类文书的写作。要求格式无错误,表述正确	
拓展练习	3 分	分小组完成例文的点评,团队合作,组长积极作答,给找出错误点最多的小组加分	
任务总结	2 分	认真完成各环节,提升写作素养,填写任务总结	

注:教学视频可扫描二维码观看。

任务八　海　报

基础信息

工单编号	C2301111110565	**工单名称**	海报
工单类型	基础型工单	**面向专业**	各专业通用
工单大类	基础课程	**能力面向**	专业技术能力
职业岗位	全系列岗位		
实施方式	模拟实施	**考核方式**	演讲汇报
工单难度	较易	**前序工单**	
工单分值	12 分	**完成时限**	2 课时
工单来源	校内开发	**建议组数**	4 组
组内人数	10 人	**工单属性**	私有工单
版权归属	苑晓路	**附件资源**	2 个
考核点	掌握海报的基础知识、完成海报的撰写		
工单简介	本工单采用情景教学法，要求学生掌握海报的写作要点，能够独立制作出一份生动直观的海报		
设备环境	多媒体教室		
教学方法	1. 项目教学法，在深入参与项目活动的过程中掌握应用文相关知识与写作技巧，让学生主动参与、有目的地展开自主学习，变被动学习为主动学习。 2. 情景教学法，根据教学目标，准确把握教学重点、知识点，创设任务情境，任务情境贯穿于教学的全过程，激发学生学习的兴趣和好奇心。把教学目标转化、分解为学生任务的学习目标。 3. 案例分析法，采用例文介绍的方式，给出完成该写作文体的思路、流程和格式，引导学生思考该文体的写作思路，注意事项，提升写作素养。 4. 分组探究法，由学习组长组织进行任务扩展的探究，通过小组合作学习，进一步巩固知识，充分发挥学生自主学习能力，提高团队协作能力		
用途说明	应用文是现代社会人们在工作、学习、生活中经常用到的信息交流工作工具，因此每个人都应该掌握应用文写作的基本知识和技能。对于即将步入社会的中高职生来说，学校更应该注重对其进行这方面能力的培养和训练，以适应实际生活和工作的需要		
工单开发	苑晓路	**开发时间**	2023-06-01 15:22

实施人员信息

姓名		班级		学号		电话	
隶属组		组长		岗位分工		伙伴成员	

任务目标

知识目标

掌握海报的相关基础知识。

能力目标

1. 能够根据工作需要,规范完成海报的写作。
2. 写作总结时能够运用辩证的观点总结经验教训。

素质目标

1. 通过小组合作,提升学生团队合作互助意识。
2. 培养学生综合素质和应用文写作素养。

任务说明

任务背景

海报的内容生动直观。一幅优秀的海报广告,可以用真实的生活感受和美的感召力,表现出不可抗拒的宣传力量。制作一份独具吸引力的海报需要掌握相关的文字功底和写作知识。现在就让我们一起来尝试着做一下吧。

任务描述

为了增加直播传媒公司的收益,增加流量扩大宣传,公司配合直播平台促销活动并邀请某著名影视明星做客直播间。此时急需制作一份宣传海报投放到各大平台,让我们看看下面的海报是否写得具体详细,引人关注。

任务需求

通过海报写作的学习,掌握海报撰写的重难点,能够撰写一份符合要求的海报。

基础知识

请同学自主学习基础知识内容,并提交学习笔记。主观作答(2 分)。

基础知识收集

不知则问,不能则学。

——董仲舒

一、海报的定义

海报是向公众告知有关文艺演出、体育竞赛、报告会等消息的招贴式应用文。海报通常用较大纸张、较大字体写出内容,张贴于交通方便、人员集中的地方,以达到便捷地传播信息的目的。

二、海报的类型

1. 电影海报

电影海报是电影制片厂用来向公众做广告的一种廉价方式,通过吸引观众的注意力和突出电影的重要细节来达到推广的目的。电影海报的设计需要注重让观众产生想要观看的兴趣和欲望,并突出主角和导演的名字等细节。过去的电影海报可能只是照片和特效,而电影海报通过图像、口号等方式植入观众的心中,已经成了电影宣传的一种重要手段。

2. 商业海报

商业海报是为宣传商品或商业服务而设计的海报,具有广告性。商业海报的设计要符合产品的特点和受众对象。商业海报是企业形象和品牌宣传的重要手段之一。

3. 公益海报

公益海报是带有一定思想性的海报,具有教育和宣传意义。它通常以公益为主题,通过简洁明了的图案和文字,传递出积极向上的价值观,鼓励人们积极参与公益事业,传递爱和关怀。

4. 文化海报

文化海报是指各种社会文娱活动及各类展览的宣传海报,展览的种类很多,设计师需要了解展览和活动的内容才能运用恰当的方法表现其内容和风格。

例文赏析

挑硬货、砍底价

——×××将莅临直播间

福利雨促销活动即将开始。活动期间我公司将投放大量优惠套餐并特邀著名影视明星×××做客直播间。挑硬货、砍底价，平台补助，购物狂欢！和你的偶像一起 Shopping！

活动时间：2023 年 4 月 6 日 18：00。

活动方式：××平台、×××直播间现场直播。

××直播传媒公司

2023 年 4 月 3 日

评析 这份海报中包括活动的性质、主办单位、时间、地点等内容，语言简明扼要，能够充分向人们展示出宣传信息。如果将图片、文字、色彩、空间等要素进行完整地结合，形式会更加新颖美观。

写作指南

海报的结构和写作方法

海报通常包括标题、正文、落款三个部分。

一、标题

常见的标题有三种写法：一是只写“海报”两个字；二是用活动内容作标题，如“球讯”；三是由主办单位和内容构成，如“中国企业家协会主办第五届中国青年企业家论坛”。

二、正文

正文要用简洁的文字写清楚活动的内容、时间、地点、参加方式等。常见的正文的结构形式有三种：一是一段式，即用几句话写成一段文字，把相关内容说明清楚；二是项目排列式，如报告会海报，可将主讲人、报告的主题、时间、地点、入场办法等相关事项分行排列写出；三是附加标语式，即在正文中加上排列整齐的标语，起到渲染气氛、吸引观众的作用，如“大型音乐舞蹈诗画——海之魂”海报中的正文：“精彩诠释人与自然的故事；气势磅礴的音乐、千变万化的灯光、流光溢彩的歌舞——让您叹为观止，过目不忘”。

三、落款

落款是指在正文的右下方写上主办单位，最后写明海报制作的日期。如果在标题或正文中已将主办单位写清楚，则落款只写日期。

注意事项

(1)在设计海报内容的时候不要太过于感情用事，使用事实来说服消费者，效果会更明显。

(2)语言简洁明快，具有一定的形象性和鼓动性，还可适当配备一些艺术图案、图片等，以增强感染力。

(3)要写清海报上面涉及的活动时间和地点。

(4)海报要提前创作，提前发布。

写作误区

(1)一是内容过多过于复杂，表述不清，不利于理解。

(2)二是不写主办单位。

(3)三是内容虚假。

情景训练

根据下面的材料写一份2023年新年音乐会宣传海报。主观作答(5分)。

写作材料：

演出乐团：中国电影乐团。

乐队指挥：×××。

演奏曲目：《金翅雀》《爱之珍珠》《与谁共舞》。

演出时间：2023年12月20日19:00。

演出地点：哈尔滨大剧院歌剧厅。

训练任务：请根据所给材料写一份2022年新年音乐会宣传海报。

实施要求：将班级学生分为四组，为了让每位学生都能获得一次参与的体验，老师要求所有组员都要点评其他人写作的海报，凡点评得到多数组员认可的同学，其海报将被评为优秀作品，该同学将获得课程加分并对其作品进行课堂展示。

训练过程：

(1)收集整理海报的所有基础知识→归纳整理写作知识→对搜集到的海报材料进行认真梳理→撰写海报。

(2)收集、整理其他同学写作的海报→对收到的海报进行筛选与评审→确定获得优秀海报的名单→给予奖励。

评价标准：本任务采用自评、互评、教师评价相结合的方式进行评价，具体评价分值占比：模块分值(5分)=30%(教师)+40%(小组)+30%(个人)。

(1)组内互评：由其他组员对收到海报的进行评价，能获得80%认可的海报将被评为优秀海报，可加2分，其余上交海报的学生做到格式正确并按照要求写作的加1分。

(2)教师评价：老师对所有学生的海报进行教师评价，最高可加1.5分。

(3)自我评价：每个学生针对自己撰写的海报进行自我评价，最高可加1.5分。

扩展练习

分组指出下面海报的不足之处，由小组代表总结本组找出的错误，给准确找出错误最多并加以修改的小组加分。主观作答(3分)。

> **海　报**
>
> 茶小孩奶茶店隆重推出宣传语编创赠茶活动。欢迎您为我们店的奶茶编创宣传语。如：陪伴是爱上“我”的告白——爱上茶小孩。
>
> 活动方式：选用一条宣传语即可赠送一份20元以内的奶茶。
>
> 活动地点：××大学校园内茶小孩奶茶店。
>
> 茶小孩奶茶店
>
> 2023年5月1日

任务总结

主观作答(2 分)。

反思总结	收获感想

考核评价

评分项	分值	评分要求	得分
基础知识	2 分	自主学习,掌握海报的相关基础知识要点	
情景训练	5 分	能够根据工作需要,规范完成海报类文书的写作。要求格式无错误,表述正确	
拓展练习	3 分	分小组完成例文的点评,团队合作,组长积极作答,给找出错误点最多的小组加分	
任务总结	2 分	认真完成各环节,提升写作素养,填写任务总结	

注:教学视频可扫描二维码观看。

项目三 工作会议

项目背景

项目导入

本项目以实际工作会议为背景，采用情景教学的教学方法，学习在工作会议中所涉及的文体写作，帮助学生日后更好地适应职场工作。

曹丽影的公司开业以来，由于缺乏企业运营经验，电脑公司效益一直不够理想。为扩大公司影响，同时宣传刚刚研发成功即将推向市场的新软件，她决定召开全体员工会议，研讨产品推广方案。身为企划部的你该准备、筹集哪些相关文字资料呢？

写作规则

本项目分为四个任务，包括撰写通知、会议记录、倡议书、简报，具体的项目规划如下。

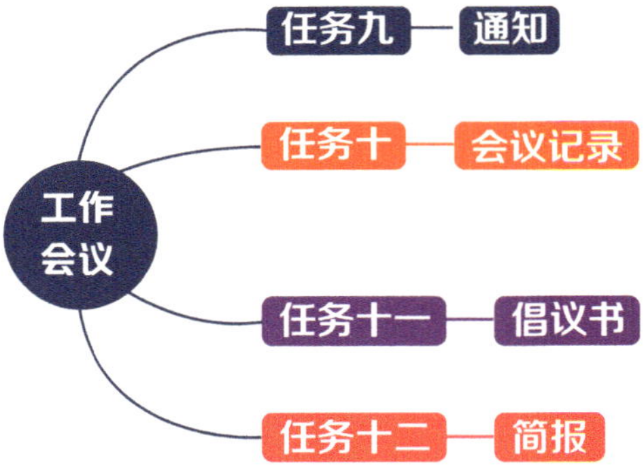

任务九　通　知

基础信息

工单编号	C2301111110566	**工单名称**	通知
工单类型	基础型工单	**面向专业**	各专业通用
工单大类	基础课程	**能力面向**	专业技术能力
职业岗位	全系列岗位		
实施方式	模拟实施	**考核方式**	演讲汇报
工单难度	较易	**前序工单**	
工单分值	12 分	**完成时限**	2 课时
工单来源	校内开发	**建议组数**	4 组
组内人数	10 人	**工单属性**	私有工单
版权归属	亓佳	**附件资源**	1 个
考核点	掌握通知的基础知识、完成通知的撰写		
工单简介	通知是党政机关、企事业单位、社会组织常用的一种公文，是各单位使用频率最高、适用范围最广的一种文体。只有掌握正确的通知写作知识才能全面、准确地拟写通知		
设备环境	多媒体教室		
教学方法	1. 项目教学法，在深入参与项目活动的过程中掌握应用文相关知识与写作技巧，让学生主动参与、有目的地展开自主学习，变被动学习为主动学习。 2. 情景教学法，根据教学目标，准确把握教学重点、知识点，创设任务情境，任务情境贯穿于教学的全过程，激发学生学习的兴趣和好奇心。把教学目标转化、分解为学生任务的学习目标。 3. 案例分析法，采用例文介绍的方式，给出完成该写作文体的思路、流程和格式，引导学生思考该文体的写作思路和注意事项，提升写作素养。 4. 分组探究法，由学习组长组织进行任务扩展的探究，通过小组合作学习，进一步巩固知识，充分发挥学生自主学习能力，提高团队协作能力		
用途说明	应用文是现代社会人们在工作、学习、生活中经常用到的信息交流工作工具，因此每个人都应该掌握应用文写作的基本知识和技能。对于即将步入社会的中高职生来说，学校更应该注重对其进行这方面能力的培养和训练，以适应生活和实际工作的需要		
工单开发	亓佳	**开发时间**	2023-06-01 15:25

实施人员信息

姓名		班级		学号		电话	
隶属组		组长		岗位分工		伙伴成员	

任务目标

学习目标

掌握通知的写作格式和写作要领。

能力目标

能写出格式规范的通知。

素质目标

1. 通过小组合作,提升学生团队合作互助意识。

2. 培养学生严谨认真的写作态度。

任务说明

任务背景

通知是党政机关、企事业单位、社会组织常用的一种公文,在历次发布的公文处理办法中,一直将其列为主要公文文体之一。从实际情况来看,通知是各单位使用频率最高、适用范围最广的一个文体。

任务描述

你是校团委的一名成员,新学期开始,为了活跃校园生活,发展学生的特长,全面提高学生的综合素质,促进校园学风、校风建设,校团委决定于9月16日下午3:00在教学楼第一会议室召开校社团活动安排会议,需要校团委全体成员参加,你需要掌握哪些通知的写作知识才能全面、准确地拟写这份通知呢?

任务需求

通过学习通知的写作,掌握撰写通知的重难点,能够拟写一份恰当的通知。

基础知识

请同学自主学习基础知识内容,并提交学习笔记。主观作答(2分)。

基础知识收集

立志宜思真品格，读书须尽苦功夫。

——阮元

一、通知的定义

通知，是向特定受文对象告知或转达有关事项或文件，让受文对象知道或执行的公文。通知可以由上级单位发给下级单位，这种行文方向的公文称作下行文；也可以发给同级单位，这种行文方向的公文称作平行文。通知一般以下行文为主，多用来下达指示、布置工作、传达有关事项、传达领导意见、任免干部、决定具体问题等。

二、通知的种类

依据不同的标准，通知有不同的分类。下面介绍几种常用的通知。

1. 指示性通知

这类通知用于向所属下级布置工作，阐明工作原则和方法；还用于传达上级的决定和指示，布置需要执行或办理的工作事项等。

2. 发布性通知

这类通知除重要的法律性文件用命令颁布之外，上级单位将已经批准或通过的行政法规和规范性文件，如条例、规定、办法、细则、实施方案等，用“发布”“颁发”或“印发”通知的形式告知受文单位，并要求下级遵照执行。

3. 事务性通知

这类通知用于发布上级单位要求下级办理的事项，或发布要告知其他单位的事项，如报送有关材料，机构、人事调整，机构成立与名称变更，迁移办公地址，启用公章，安排假期等。

4. 会议通知

这类通知用于召开会议前，告知与会者开会的时间、地点、内容、携带的材料、注意事项等。此外，常见的还有任免性通知，批转、转发性通知等。

三、通知的特点

1. 知照性

通知的主要功能在于知照有关机关单位。

2. 广泛性

通知是公文中适用范围最广、使用频率最高的文体。大到国家级的党政机关，小到基层的企事业单位，都可以发布通知。

3. 时效性

通知是一种制发比较快捷、运用比较灵活的公文文体，它所办理的事项都有比较明确的时间限制，不得拖延。

例文赏析

××市教育局关于召开市中等职业教育教学工作会议的通知

各县(市)、区教育局，市直各中等职业学校：

为全面贯彻落实全国、全省教育工作会议精神，按照全市教育系统领导干部理论学习读书会的工作部署，进一步谋划全市职业教育发展思路，交流先进成果和经验，表彰职业教育教学工作先进单位，促进职业教育健康发展，经研究，决定召开全市中等职业教育教学工作会议，现将有关事宜通知如下。

一、会议时间

2022 年 12 月 24 日上午 8:30，会期一天。

二、会议地点

××市教育培训中心。

三、参加人员

各县(市)、区教育局局长，各中等职业学校校长、分管教学工作的副校长，局机关各处室负责人。

四、会议内容

(一)表彰职业教育教学工作先进单位；

(二)市教育局职业教育进行工作报告；

(三)学校教育教学改革经验交流；

(四)部署安排 2023 年职业教育教学工作。

请各县(市)、区教育局，市直各中等职业学校及有关单位落实与会人员名单，并于 12 月 20 日前报市教育局职业教育处。

联系人：陈辉　　　　联系电话：85328055(办)

××市教育局

2022 年 12 月 6 日

评析 这是一份会议通知。标题由发文单位、事由和文体构成。正文开头写通知的缘由，即开会的目的和依据。主体具体写通知事项，即会议时间、会议地点、参加人员、会议内容，结尾提出有关要求。内容简明，语言准确，条理清晰，格式规范。

写作指南

通知的结构和写作方法

虽然通知的种类很多，各有差异，但其基本格式与写法大体一致，都是由标题、上款、正文、结尾、落款五部分组成。

一、标题

标题一般包括发文单位、事由、文体三部分，如“××市教育局关于开展中小学生经典诵读活动的通知”。有时也可省略发文单位，由事由、文体组成，如“关于中秋节、国庆节放假安排的通知”。也有的直接写“通知”二字。事情紧急时，文体前可加“紧急”或“重要”二字。有时视具体情况也可加“联合”或“补充”二字。

发布规章制度的通知，所发布的规章名称要出现在标题中，并使用书名号。批转和转发文件的通知，所转发的文件内容要出现在标题中，但不一定使用书名号。

二、上款

上款是在标题下一行顶格书写受文单位的名称。受文单位可能是一个，也可能是多个，需根据发文单位管辖的权限及发文需要确定。多于一个时，要注意排列的规范性，各单位名称之间用逗号或顿号分开，换行仍然顶格写。

三、正文

另起一行空两格写正文，文字要简洁、具体、明确。正文内容一般包括发布通知的缘由和根据、通知的具体内容，如在什么时间、什么地点、做什么事情等。

四、结尾

结尾的具体写法：一是提出希望，强调执行事项的要求，如“希望各部门按照通知要求，认真及时地做好各项工作”等；二是采用特定结束语，如“特此通知”，也有些通知没有专门的结束语，通知事项写完正文就结束。结尾一般不使用敬语。

五、落款

落款是在正文右下方写明发文单位名称和发文日期,然后加盖单位印章。如果标题中已出现发文单位名称,落款也可以只写发文日期。

注意事项

1. 内容具体,语言准确

制发通知的目的是回答和解决一些实际问题。因此,撰写通知一定要从实际出发,准确表达作者所要表达的内容,不能产生歧义。不管是做出指示,还是部署工作,或是安排活动,对做什么,怎么做,做到什么程度,有什么要求,都应当具体、明确,简明扼要,不能含糊,模棱两可,这样受文对象才能把握要领,落到实处。

2. 层次清晰,段落分明

层次段落,即文书内容的表现次序。一份文书,写几个问题,先写什么,后写什么,要有序号、有标题或观点,使人一目了然。

3. 文字简洁,讲求实效

通知的内容现实性、针对性强,要有效地回答和解决实际问题,必须迅速及时地制发,如果拖延,实际情况发生变化再写就失去了通知的应用意义。

情景训练

根据情景设定完成训练任务。主观作答(5 分)。

训练任务:根据"任务描述"的内容,拟写一份通知,具体事项可以虚构。

实施要求:班级学生四人一组,讨论会议通知的具体写作内容,学生分别完成写作。小组成员互评,推荐一份通知进行班级互评。得分高的小组的通知将被评为优秀作品,该小组将获得课程加分并对其作品进行课堂展示。

训练过程:

收集整理通知的所有基础知识→归纳整理写作知识→对通知内容进行认真梳理→撰写通知→发布通知。

评价标准:本任务采用自评、互评、教师评价相结合的方式进行评价,具体评价分值占比:模块分值(5 分)= 30%(教师)+40%(小组)+30%(个人)。

(1)组内互评:学生分别对本组写作的通知进行评价,小组最优作品加 2 分,其余同学加1分，参加班级互评的同学加1分。

（2）教师评价：老师对所有学生的通知进行教师评价，最高可加1.5分。

（3）自我评价：每个学生针对自己撰写的通知进行自我评价，最高可加1.5分。

扩展练习

（1）分组指出下面家长会通知的错误之处，由小组代表总结本组找出的错误，给找出错误最多并加以修改的小组加分。主观作答（1.5分）。

家长会通知

家长同志：

兹定于11月28日下午在我校召开职专一年级学生家长会议，由校长传达市教育局关于教学改革的指示，汇报本学期以来我校职专一年级学生在德、智、体、美等方面的发展情况及存在的问题。届时，请务必到会参加。

此致

敬礼

××市二职

2023年11月20日

（2）分组指出下面通知的错误之处，由小组代表总结本组找出的错误，给找出错误最多并加以修改的小组加分。主观作答（1.5分）。

××公司清明节放假通知

全体员工：

经公司研究决定，2024清明节放假及调休安排时间如下。

1. 清明节放假时间为2024年4月4日（星期四）至2024年4月6日（星期六），共3天，2024年4月7日（周日）照常上班。

2. 放假期间，有需要安排员工值班的部门请在2024年4月4日上午下班之前把值班名单报给人事部×××，以便统计。

××公司

2024年3月27日

任务总结

主观作答(2 分)。

反思总结	收获感想

考核评价

评分项	分值	评分要求	得分
基础知识	2 分	自主学习,掌握通知相关基础知识的要点	
情景训练	5 分	能够根据工作会议情况,规范完成通知类文书的写作。要求格式无错误,表述正确	
拓展练习	3 分	分小组完成例文的点评,团队合作,组长积极作答,给找出错误点最多的小组加分	
任务总结	2 分	认真完成各环节,提升写作素养,填写任务总结	

注:教学视频可扫描二维码观看。

任务十　会议记录

基础信息

工单编号	C2301111110567	**工单名称**	会议记录
工单类型	基础型工单	**面向专业**	各专业通用
工单大类	基础课程	**能力面向**	专业技术能力
职业岗位	全系列岗位		
实施方式	模拟实施	**考核方式**	演讲汇报
工单难度	较易	**前序工单**	
工单分值	12 分	**完成时限**	2 课时
工单来源	校内开发	**建议组数**	4 组
组内人数	10 人	**工单属性**	私有工单
版权归属	亓佳	**附件资源**	1 个
考核点	掌握会议记录的基础知识、完成会议记录的撰写		
工单简介	本工单采用情景教学法，要求学生掌握会议记录的写作要点，能够完成一份反映实际会议内容的会议记录		
设备环境	多媒体教室		
教学方法	1. 项目教学法，在深入参与项目活动的过程中掌握应用文相关知识与写作技巧，让学生主动参与、有目的地展开自主学习，变被动学习为主动学习。 2. 情景教学法，根据教学目标，准确把握教学重点、知识点，创设任务情境，任务情境贯穿于教学的全过程，激发学生学习的兴趣和好奇心。把教学目标转化、分解为学生任务的学习目标。 3. 案例分析法，采用例文介绍的方式，给出完成该写作文体的思路、流程和格式，引导学生思考该文体的写作思路，注意事项，提升写作素养。 4. 分组探究法，由学习组长组织进行任务扩展的探究，通过小组合作学习，进一步巩固知识，充分发挥学生自主学习能力，提高团队协作能力		
用途说明	应用文是现代社会人们在工作、学习、生活中经常用到的信息交流工作工具，因此每个人都应该掌握应用文写作的基本知识和技能。对于即将步入社会的中高职生来说，学校更应该注重对其进行这方面能力的培养和训练，以适应实际生活和工作的需要		
工单开发	亓佳	**开发时间**	2023-05-01 15:26

实施人员信息

姓名		班级		学号		电话	
隶属组		组长		岗位分工		伙伴成员	

任务目标

知识目标

掌握会议记录的相关基础知识。

能力目标

能够根据会议内容，规范完成会议记录的写作。

素质目标

1. 通过小组合作，提升学生团队合作意识。
2. 培养学生严谨认真的写作态度。

任务说明

任务背景

会议记录是记载会议基本情况的文字材料，是日后可供查阅的重要凭据，它要求真实、全面地反映会议的本来面貌。会议记录也是制作会议简报、会议纪要的重要依据，想要真实、准确地拟写会议记录需要掌握会议记录的写作格式及要求。

任务描述

王明明是××职业技术学院文秘专业的毕业生，毕业后她入职盛和公司成为一名文秘人员。×年6月30日上午9点公司将在一楼会议室召开第二季度工作总结会议，参加会议的是各部门负责人，会议由公司经理高远主持，王明明记录，各部门负责人将对本季度工作进行总结，经理作总结发言，王明明需要学习会议记录的写作要领，完成会议记录。

任务需求

通过会议记录写作的学习，掌握会议记录撰写的重难点，能够撰写一份完整反映会议内容的会议记录。

基础知识

请同学自主学习基础知识内容，并提交学习笔记。主观作答(2 分)。

基础知识收集

聪明出于勤奋，天才在于积累。

——华罗庚

一、会议记录的概念

会议记录，是指在会议现场将会议有关情况快速如实地记录下来，以便于保存查用所使用的事务文书。会议记录是本单位会议情况的最原始材料，也是写作会议纪要、传达会议精神的基本参考资料。因此会议记录应整理存档，以备本单位或有关部门查阅之需。

二、会议记录的种类

从反映会议情况和内容的详略程度来分，会议记录主要有以下三种。

1. 详细的会议记录

这种记录是对会议的全过程、会上每个人发言的原话和语态声调等作详细的记录。

2. 摘要式会议记录

这种记录不是有话必录，只要求将发言人有关会议议题的讲话要点、重要数据和材料记录下来。

3. 重点式会议记录

这种记录不要求把会议过程和个别发言逐一记录下来，只是提纲挈领地记录会议的主要内容或会议决议。

三、会议记录的特点

会议记录一般具有实录性、客观性和规范性的特点，既不能带有记录者的主观情绪，又必须严格按照记录的规范要求。

1. 实录性

大多数的会议记录是由记录员在开会过程中同步记录的。一些特别重大的会议，可借助录音先作同步实录，会后再根据录音作笔录，这也是以忠于原话实录为原则的。正因为如此，会议记录才具有资料依据和存档备查的价值。

2. 客观性

会议记录要求记录员坚持“怎么说就怎么记”的原则，不允许以任何方式在记录过程中掺进个人的倾向性看法，更不允许作虚假记录，任意歪曲他人发言中原话的基本含义。

3. 规范性

会议记录的规范性主要体现在五个方面：一是应使用机关统一的记录专用笺；二是应按统一的记录格式记录，会议标题、会议组织情况、会议进行情况、尾部四个部分不能有缺漏；三是快速记录时应使用规范的简体字和行书字体，即使字迹潦草也能辨认；四是应使用规范的速记和紧缩记法，并于会后立即译写出来；五是应使用灌注碳素墨水或蓝黑墨水的钢笔做记录。

例文赏析

××公司项目会议记录

时间：×年 3 月 12 日上午 9 时

地点：公司第一会议室

出席人：各分公司与直属部门的经理

缺席人：第三分公司总经理×××（出差深圳）

主持人：高飞（集团公司副总裁）

记录人：周游（总经理室秘书）

一、主持人讲话

今天主要讨论一下“美廉娱乐城”的兴建立项以及如何开展前期工作的问题。（略）

二、集体发言

第一分公司李总：该项目的选址应定位在亚运村以北，清河以南。（略）

第二分公司张总：该项目应以体育健身为龙头带动其他餐饮娱乐。（略）

市场部刘总：汇报该项目市场调查与预测的结果。（略）

财务部莫总：汇报公司的资金状况。（略）

技术部王总：汇报建筑项目投标、招标情况。（略）

策划部梁总：讲述三种关于该项目的前期策划设想，前期的宣传投入应该加大。（略）

市场部刘总：前期宣传投入要慎重，理由有三。（略）

策划部梁总：前期投入一定要加大，因为……

三、会议决议

（一）一致通过该项目的选址定在××地段（举手表决）。

（二）一致通过该项目第一期投入人民币×××万元（举手表决）。

（三）略。

四、散会（上午12时）

主持人：高飞（签名）

记录人：周游（签名）

评析 这是一份格式规范的会议记录，标题由“机关+会议名称+文体”构成。记录依据会议的程序，紧扣会议主题，分为主持人讲话、集体发言、会议决议和结尾四部分，条理清楚，重点突出。记录中对发言者、汇报人不可直呼其名，而是以姓氏加职务（职称）代之，如“王××”写作“王总”。会议中如有争议问题，还应该把争议问题的焦点及有关人员的发言争论观点记录下。会议记录是不容更改的原始凭证，因此会议记录结尾要注意签名，表示对该会议记录负责。

写作指南

会议记录的结构和写作方法

会议记录，有笔录、录音、录像等几种操作手法，录音、录像只是一种手段，最终还是要将录下的内容还原成文字。笔录、录音和录像相辅相成，能使记录更准确、更真实、更可靠。

会议记录一般由标题、会议组织情况、会议进行情况、尾部四个部分构成。

一、会议记录标题

（1）由机关、会议名称和文体构成，如“××学院教学会议记录”。

（2）由会议名称和文体构成，如“党组扩大会议记录”。

（3）只用文体为标题，如“会议记录”。

二、会议组织情况

会议组织情况包括时间、地点、出席人、缺席人、列席人、主持人、记录员、议题共8项。每项分行依次排列，且需详细清晰。这些内容要在会议主持人宣布开会之前写好。

三、会议进行情况

会议进行情况一般包括会议主持人的发言，会议上的报告或传达了什么事情，讨论了什么问题，以及通过的决定等，就是我们常说的会议议题、发言人及发言内容、会议决议。

记录时应该注意以下问题。

(1)如果有多个议题，可以在议题前分别加上序号。

(2)记录每个发言人的发言时都要另起一行，写明发言人的姓氏加职务，然后加冒号，再记发言内容。

(3)会议决议事项应该分条列出。有表决程序的要记录表决的方式和结果。一般由主持人加以系统归纳。归纳结果，应逐字逐句记录。与会者无异议时，应随即写上“一致同意”或“一致通过”。有持异议者，必须详细记录不同意见，有弃权者，也应如实记录上。

四、会议记录结尾

记录的结尾部分，先另起一行，写明“散会”并注明时间。然后在右下方写明“主持人：(签字)”“记录人：(签字)”。为了方便记录，提高效率，现已经有印刷好的会议记录表格，其格式见下表。

××会议记录

会议名称			
会议时间	年　月　日　午时	会议地点	
会议主持人		记录人	
出席人与列席人			
缺席人		审阅签字	
会议议题			
发言内容记录			

情景训练

根据情景设定完成训练任务。主观作答(5 分)。

训练任务:请以班级的一次主题班会为记录内容,进行会议记录训练。

实施要求:全班由班干部组织学生召开出题班会,学生两人一组,对会议内容进行现场记录,互相补充。会后班干部对会议记录内容打分,小组间对会议记录格式进行评分,得分高的小组的会议记录将被评为优秀作品,该小组将获得课程加分并对其作品进行课堂展示。

训练过程:

(1)收集整理会议记录的所有基础知识→归纳整理会议记录知识→对会议记录的内容进行认真梳理→会前准备(填写会议已知内容)→现场记录。

(2)会后整理补充→上级审核→完成记录→存档。

评价标准:本任务采用自评、互评、教师评价相结合的方式进行评价,具体评价分值占比:模块分值(5 分)= 30%(教师)+40%(小组)+30%(个人)。

(1)学生互评:班干部对会议记录内容打分,内容全面无遗漏加 2 分,其余加 1 分。小组间对会议记录格式进行评分准确无误加 1 分。

(2)教师评价:老师对所有学生的会议记录进行教师评价,最高可加 1.5 分。

(3)自我评价:每个学生针对自己撰写的会议记录进行自我评价,最高可加 1.5 分。

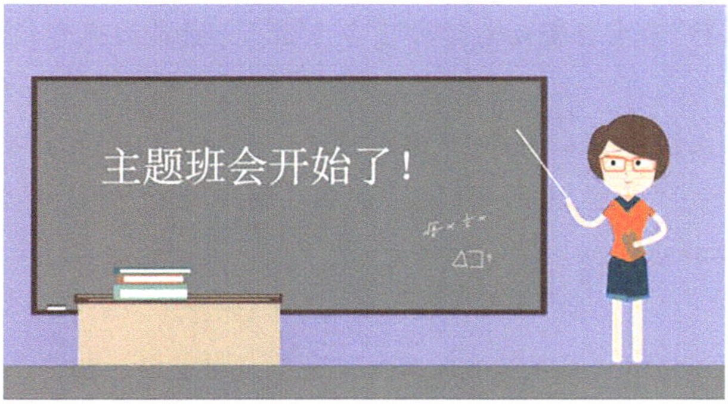

扩展练习

分组指出下面会议记录的不足之处,由小组代表总结本组找出的错误,给准确找出错误最多并加以修改的小组加分。主观作答(3 分)。

××学院×年会议记录

会议名称:××学院第×次办公会议

时间:×年×月×日

出席人:李××(院长),王××(总务科科长),伍××(学生科科长),刘××、卢××、许××(各班班主任),校医龙××

主持人:李××(院长)

记录人:白××(校长室秘书)

一、报告:李××(院长)传达市政府关于防治"新冠"的专题报告。

二、讨论:遵照报告精神,学院决定对学生进行一次预防"新冠"的教育,并采取有效措施,保证学生的集体健康。

三、发言:×××院长:大家好! 说说看什么样的措施能有效地保证学生的健康? 伍××,你是学生科科长,你这个呢,带个头发表你的意见吧。

伍科长:我认为首先要让学生知道有关"新冠"的病理知识,以及预防的办法,你们看是不是?

王科长:龙医生,你这个,看看是不是想办法加强食堂环境卫生? (略)

四、决议

(一)利用两天时间,由学生科组织班主任分班组织学生传达报告精神,并结合学习×月×日《光明日报》专题报道的有关"新冠"相关病理知识及防治办法。

(二)总务科、学生科密切与学校医务室配合,切实加强学校环境卫生与食堂饮食卫生工作。

(三)各班主任要深入调查、了解学生在寒假期间,是否去疫区探亲,凡有去疫区探亲的学生,由学校医务室统一组织去医院检查,有疑似症状的学生,马上报告,并采取相应措施。

五、散会

缺席人:江××

地点:学院三楼

任务总结

主观作答(2 分)。

反思总结	收获感想

考核评价

评分项	分值	评分要求	得分
基础知识	2 分	自主学习，掌握会议记录相关基础知识要点	
情景训练	5 分	能够撰写一份能够完整反映会议内容的会议记录，格式正确，表述无误，流程清楚	
拓展练习	3 分	分小组完成例文的点评，团队合作，组长积极作答，给找出错误点最多的小组加分	
任务总结	2 分	认真完成各环节，提升写作素养，填写任务总结	

注：教学视频可扫描二维码观看。

任务十一　倡议书

基础信息

工单编号	C2301111110568	工单名称	倡议书
工单类型	基础型工单	面向专业	各专业通用
工单大类	基础课程	能力面向	专业技术能力
职业岗位	全系列岗位		
实施方式	模拟实施	考核方式	任务答辩
工单难度	较易	前序工单	
工单分值	12 分	完成时限	2 课时
工单来源	校内开发	建议组数	4 组
组内人数	10 人	工单属性	私有工单
版权归属	亓佳	附件资源	1 个
考核点	掌握倡议书的基础知识、完成倡议书的撰写		
工单简介	本工单采用情景教学法，要求学生掌握倡议书的写作要点，能够撰写一份有号召力的倡议书		
设备环境	多媒体教室		
教学方法	1. 项目教学法，在深入参与项目活动的过程中掌握应用文相关知识与写作技巧，让学生主动参与、有目的地展开自主学习，变被动学习为主动学习。 2. 情景教学法，根据教学目标，准确把握教学重点、知识点，创设任务情境，任务情境贯穿于教学的全过程，激发学生学习的兴趣和好奇心。把教学目标转化、分解为学生任务的学习目标。 3. 案例分析法，采用例文介绍的方式，给出完成该写作文体的思路、流程和格式，引导学生思考该文体的写作思路，注意事项，提升写作素养。 4. 分组探究法，由学习组长组织进行任务扩展的探究，通过小组合作学习，进一步巩固知识，充分发挥学生自主学习能力，提高团队协作能力		
用途说明	应用文是现代社会人们在工作、学习、生活中经常用到的信息交流工作工具，因此每个人都应该掌握应用文写作的基本知识和技能。对于即将步入社会的中高职生来说，学校更应该注重对其进行这方面能力的培养和训练，以适应实际生活和工作的需要		
工单开发	亓佳	开发时间	2023-06-01 15:27

实施人员信息

姓名		班级		学号		电话	
隶属组		组长		岗位分工		伙伴成员	

任务目标

知识目标

掌握倡议书的相关基础知识。

能力目标

能够根据工作需要,规范完成倡议书的写作。

素质目标

1. 通过小组合作,提升学生团队合作互助意识。
2. 培养学生严谨认真的写作态度。

任务说明

任务背景

倡议书的内容一般是和人们的日常生活相关的事项,它能调动人们的积极性,使人们同心协力做一些有益于社会的事务和开展某些公益活动。在写作倡议书的过程中要注意内容的撰写和结构的安排,以便用具有感染性的文字说服公众参与到活动中去。

任务描述

今天我们的生活被"白色污染"包围着,原本清澈见底的小河上面漂浮着快餐盒,蔚蓝的大海中有数不清的塑料垃圾……大量塑料垃圾的燃烧,产生的有毒物质又对空气造成污染,"白色污染"对生态环境带来了极大的危害。正在读书的李源看到这些新闻心情久久不能平静,他要通过学习倡议书的写作向身边的同学发起倡议,用实际行动保护我们赖以生存的环境。

任务需求

通过学习倡议书写作,掌握倡议书撰写的重难点,能够根据需要撰写一份能够调动人们参与活动积极性的倡议书。

基础知识

请同学自主学习基础知识内容，并提交学习笔记。主观作答(2 分)。

基础知识收集

业精于勤，荒于嬉；行成于思，毁于随。

——韩愈

一、倡议书的概念

倡议书是由个人或集体就某一问题提出的切实可行的建议或者提议、号召他人去做某事的一种书信。

二、倡议书的特点

1. 广泛的群众性

倡议书不是对某个人或某一小集体而发的，它的受众往往是广大群众，或是部门的所有人，或是一个地区的所有人，甚至是全国人民。所以，其对象十分广泛。广泛的群众性是倡议书的根本特征。

2. 响应者的不确定性

倡议书的对象范围往往是不确定的，即便是在文中明确了倡议的具体对象，但实际上，有关人员可以表示响应，也可以表示不响应，它本身不具有很强的约束力。即便是与此无关的别的群众团体，也可以有所响应。

3. 倡议书的公开性

倡议书就是一种广而告之的书信。它是一种使广大人民群众知道了解某一事件、从而激起更多的人响应，以期在最大的范围内引起共鸣的书信。

例文赏析

捐款倡议书

尊敬的同事们：

人有旦夕祸福，月有阴晴圆缺。只要人人都献出一点爱，世界将变成温暖的人间。我公司××部的××同事在×月×日的事故中不幸受伤入院。这一如晴天霹雳的消息让他所有的亲人、朋友、同事都感到万分难过。××同事平时在工作期间思想进步、尊敬领导、关心同事、乐于助人、兢兢业业、尽职尽责，是我公司的一名优秀员工。××同事因工入院，目前每天的医药费就要上千元，仅仅靠其家庭收入实在无力承受。现××同事怀着对生命的珍惜、对生活的热爱和对未来的憧憬，正奔走在艰辛的康复之路上。希望同事们能伸出友爱之手，踊跃捐款。

滴水汇成河，碎石堆成岛，只要人人都能献出一份爱心，美好的生命必会得到挽救！您的爱心和真情，将如春风一般为他的生活送去一缕最温暖的阳光，将像星星之火点燃其心中的希望，愿你我的点滴付出汇成爱心的暖流，让黯淡的生命重新迸发出灿烂的霞光。相信你我的行动必将带动更多的人加入捐款的行动之中！

××公司工会

××年×月×日

评析 例文标题由倡议内容和文体共同组成。在第二行顶格写明受倡议人的称呼“尊敬的同事们”。另起一行空两格写明倡议的背景原因“我公司××部的××同事在×月×日的事故中不幸受伤入院”和目的“仅仅靠其家庭收入实在无力承受”“需要公司同事的帮助”，写明捐款的价值和意义。结尾写出倡议者的希望。在正文的右下方写明倡议者的个人姓名或单位名称及日期。

写作指南

倡议书的结构和写作方法

一、标题

标题一般在第一行正中用较大字体写上“倡议书”三个字即可。另外也可以由倡议内容和文体名共同组成。如“把零用钱捐献给灾区人民的倡议书”。

二、称谓

第二行顶格写明受倡议人的称呼。

三、正文

另起一行空两格写明倡议的背景原因和目的，写明倡议的具体内容和要求，即开展怎样的活动，都做哪些事情，具体的要求是什么，它有哪些价值和意义等。倡议的具体内容一般分条开列，确保清晰明确，一目了然。

四、结尾

结尾要表明倡议者的决心和希望或者某种建议号召。

五、落款

在正文的右下方写明倡议者的个人姓名或单位名称及日期。

注意事项

（1）所提的倡议应积极、先进，切实可行，倡议内容要符合党和国家的方针政策，表现出进取和创新的精神。

（2）倡议书的背景目的要清晰明确，内容清楚，理由充足合理。让被倡议者明白做什么、为什么这样去做、怎样做，继而达到倡议的效果。

（3）语言简明扼要、条理分明，篇幅不宜太长。

（4）言辞恳切，感情真挚，富有激情，要有强烈的鼓动性和号召力。

情景训练

根据情景设定完成训练任务。主观作答（5 分）。

训练任务：我校徐梓桐同学发现同学们浪费水资源的现象十分严重，尤其是在洗手间，很多人使用水龙头后并没有将其关紧。为了号召大家保护环境、爱护资源，她打算书写一份倡议书贴在学校的布告栏上。

实施要求：班级学生四人一组，总结浪费水资源的现象，分别提出节水建议。学生分别完成写作。小组成员互评，推荐一作品进行班级互评，选出最有号召力的作品。得分高的小组的倡议书将被评为优秀作品，该小组将获得课程加分并对其作品进行课堂展示。

训练过程：

确定倡议内容→向倡议对象收集相关意见→对倡议内容进行认真梳理→撰写倡议书→发布或张贴倡议书。

评价标准：本任务采用自评、互评、教师评价相结合的方式进行评价，具体评价分值占比：模块分值（5 分）= 30%（教师）+40%（小组）+30%（个人）。

（1）学生互评：小组同学之间互评，小组最优作品加 2 分，其余同学加 1 分。小组作品被评为班级最有号召力倡议书的小组每人加 1 分。

（2）教师评价：老师对所有学生的倡议书进行教师评价，最高可加 1.5 分。

（3）自我评价：每个学生针对自己撰写的倡议书进行自我评价，最高可加 1.5 分。

扩展练习

分组指出下面倡议书的不足之处，由小组代表总结本组找出的错误，给准确找出错误最多并加以修改的小组加分。主观作答（3 分）。

摒弃陋习倡议书

全区青年干部：

告别不文明陋俗、陋习，以实际行动让共同生活的家园更加优美、更加有序、更加文明，是每一位青年干部应尽的责任和义务。为此，我们向全区青年干部发出倡议：

一、做城市文明的倡导者。积极宣传不文明陋俗、陋习的危害，大力倡导“同呼吸、共行动”的行为准则，自觉树立生态意识、环保意识、节约意识。

二、做城市文明的践行者。积极参与、带头行动，从身边做起，从小事做起，从现在做起，摒弃不文明习惯、抵制不文明陋习，争做城市文明使者。

三、做城市文明的监督者。增强公德意识和守法意识，对破坏市容环境的陋俗、陋习自觉抵制，及时制止，耐心劝导，举报投诉，共同维护良好的城市环境。

告别不文明陋俗、陋习，我们义不容辞。每一份努力，都会让我们的城市更加文明；每一份辛劳，都会为我们的城市增色添彩。让我们携手并肩，共同发挥青年干部的青春"正能量",为城市建设作出新的更大贡献!

××区机关全体青年干部

2022 年 10 月 31 日

任务总结

主观作答(2 分)。

反思总结	收获感想

考核评价

评分项	分值	评分要求	得分
基础知识	2 分	自主学习,收集知识,作答每题	
情景训练	5 分	能够撰写一份调动读者积极性的倡议书,格式正确,表述无误,有号召力	
拓展练习	3 分	分小组完成例文的点评,团队合作,组长积极作答,给找出错误点最多的小组加分	
任务总结	2 分	认真完成各环节,提升写作素养,填写任务总结	

注:教学视频可扫描二维码观看。

任务十二　简　报

基础信息

工单编号	C2301111110569	**工单名称**	简报
工单类型	基础型工单	**面向专业**	各专业通用
工单大类	基础课程	**能力面向**	专业技术能力
职业岗位	全系列岗位		
实施方式	模拟实施	**考核方式**	演讲汇报
工单难度	较易	**前序工单**	
工单分值	12 分	**完成时限**	2 课时
工单来源	校内开发	**建议组数**	4 组
组内人数	10 人	**工单属性**	私有工单
版权归属	亓佳	**附件资源**	1 个
考核点	掌握简报的基础知识、完成简报的撰写		
工单简介	本工单采用情景教学法，要求学生掌握简报的写作要点，能够撰写一份格式规范的简报		
设备环境	多媒体教室		
教学方法	1. 项目教学法，在深入参与项目活动的过程中掌握应用文相关知识与写作技巧，让学生主动参与、有目的地展开自主学习，变被动学习为主动学习。 2. 情景教学法，根据教学目标，准确把握教学重点、知识点，创设任务情境，任务情境贯穿于教学的全过程，激发学生学习的兴趣和好奇心。把教学目标转化、分解为学生任务的学习目标。 3. 案例分析法，采用例文介绍的方式，给出完成该写作文体的思路、流程和格式，引导学生思考该文体的写作思路，注意事项，提升写作素养。 4. 分组探究法，由学习组长组织进行任务扩展的探究，通过小组合作学习，进一步巩固知识，充分发挥学生自主学习能力，提高团队协作能力		
用途说明	应用文是现代社会人们在工作、学习、生活中经常用到的信息交流工作工具，因此每个人都应该掌握应用文写作的基本知识和技能。对于即将步入社会的中高职生来说，学校更应该注重对其进行这方面能力的培养和训练，以适应实际生活和工作的需要		
工单开发	亓佳	**开发时间**	2023-06-01 15:28

实施人员信息

姓名		班级		学号		电话	
隶属组		组长		岗位分工		伙伴成员	

任务目标

知识目标

掌握简报的相关基础知识。

能力目标

能够根据工作需要，规范机关事务文书中简报文书的写作。

素质目标

1. 通过小组合作，提升学生团队合作互助意识。

2. 培养学生严谨认真的写作态度。

任务说明

任务背景

简报是一种信息载体，通过简报可以将工作的进展情况及工作中的新情况、新问题、新经验及时编撰出来，使各级机关单位相互了解情况、吸取经验，或为制定决策和指导工作提供依据。如何及时准确地撰写简报是学习的关键。

任务描述

哈尔滨市泰山房地产开发有限公司举行房地产展销大会取得圆满成功，在行业内赢得大家的广泛关注和好评。李经理觉得应该出一期专题简报，对整个大会加以回顾和总结。一直勤奋工作的秘书王敏因认真出色地完成了领导交付的各项任务，赢得李经理的赞赏。于是，李经理找到王敏，将编辑整理简报的工作交给她。领导的信任让王敏充满信心，她着手查阅相关资料，为编写会议简报作准备。

任务需求

通过简报写作的学习，掌握简报撰写的重难点，能够撰写一份符合要求，格式规范的简报。

基础知识

请同学自主学习基础知识内容，并提交学习笔记。主观作答（2分）。

基础知识收集

闻见广则聪明辟，胜友之而学易成。

——周敦颐

一、简报的概念

简报是各级机关、企事业单位、人民团体编发的汇报工作、通报情况、交流经验的一种内部文件。简报是一种统称，有时也叫"工作简报""工作动态""情况交流""快报"等。

二、简报的分类

简报因划分的角度不同而种类繁多。按内容分，简报有工作简报、会议简报、学习简报、科技简报等；按性质分，简报有综合简报、专题简报、动态简报；按印发时间分，简报有定期简报和不定期简报。

三、简报的特点

简报具有快、新、实、简四个特点。

快，即讲求实效，反应迅速、及时。简报也称"快报"，类似新闻报道，要求发现、汇报情况快，撰写成文快，编印制发快。

新，即选材、观点新颖。简报要反映新情况、新问题、新经验、新动向，提供新信息，只有这样才有启发和参考价值，才具有更强的指导性和交流性。

实，即实事求是。真实是简报的生命。简报作为一种具有回报性、指导性和交流性的应用文体，所反映的情况和问题，不管是正面的还是反面的，是喜是忧，都必须是客观事实，对报道的任务、事件、材料、数据要仔细核实，对成绩不虚夸，对问题不缩小。

简，即篇幅短小，简字当头。"简"字代表了简报的基本特性。除综合性简报外，简报一般要求一事一报，做到简明扼要，一目了然。为体现这一特征，在编写简报时要注意选材精当，文字精练，不铺陈，不渲染。

例文赏析

黑龙江省商务学校技能大赛简报

第 4 期

黑龙江省教育厅职成处　　　　　　　　　　2022 年 9 月 11 日

苦练基本功　大赛结硕果

——黑龙江省教育厅举办第二届职业院校技能大赛

2022 年 8 月 20—24 日，由黑龙江省教育厅、人事局、劳动和社会保障局、经贸委、财政局等部门共同主办，哈尔滨市先锋数码有限公司协办的黑龙江省第二届职业院校技能大赛在黑龙江省商务学校、哈尔滨市第一职业高级中学校、哈尔滨市商业学校、哈尔滨市第二职业中学校等 5 赛场分别举行，全市 10 个区县近 500 名师生参加了 11 个大类 34 个项目的激烈角逐。

本次大赛是我市职业教育近年来规模最大、设项最多、覆盖面最广的一次技能竞赛。各校参赛队师生充分准备，刻苦训练，比赛中沉着、自信，表现出良好的精神风貌和职业技能水平。经由行业专业、企业技术人员和高校教师组成的裁判组评选，共有 92 人获奖，其中，有 24 名同学获得团体或个人赛一等奖，有 64 名教师获得指导教师奖。

由于各赛项组委会精心部署，各承办学校全力以赴做好服务工作，各裁判组公正执法，整个大赛运行平稳、顺利，没有发生安全事故和争议事件。

这次大赛既是对我市各中等职业学校办学成果的一次检阅，又是各校师生精神风貌和专业技能的一次展示，对进一步宣传我市的职业教育，营造关心、支持职业教育的良好社会氛围，具有十分重要的意义。

希望各中等职业学校以本次竞赛活动为契机，加强专业课程建设，优化人才培养模式，积极探索校企合作、工学结合、顶岗实习的新路子，在提升内涵上下功夫，推动我市职业教育又好又快地发展。

近期，市教育局将召开全市职业院校技能大赛表彰大会，并对下一步组队参加全省职业院校技能大赛进行部署。

报：市政府办公室、省教育厅职成处

送：市人事局、劳动和社会保障局、经贸委、财政局

发：各区县教育局、各中等职业学校

共印 120 份

评析 这是一篇动态简报，及时报道了黑龙江省教育厅举办市第二届职业院校技能大赛的情况。标题采用双行标题，正文部分导语概括了大赛的主办和协办单位、赛场分布及参赛规模，主体内容介绍了大赛的组织情况、比赛结果及大赛的意义，结尾提出希望，并通报了下一步的工作安排。整体看来，该简报格式规范，符合简报的特点和写法，起到了简报应有的交流、宣传和指导作用。

写作指南

简报的结构和写作方法

简报在格式上由报头、报核、报尾三部分组成。

一、报头

报头由简报名称、期数编号、编印单位、编印时间几个要素组成。报头占简报第一页的三分之一或五分之二篇幅，常用一条红色线与主体隔开。简报名称一般采用套红印刷大号字体，居中排印，标注在报头的中间位置；期数编号标注在简报名称正下方；期数的左下方注明编印单位，右下方注明编印时间。有些简报根据需要，在简报名称的左上方注明“密级”，也有的写“内部资料，注意保存”等字样。

二、报核

这是简报的主要部分，包括标题和正文两部分。

标题应准确概括简报的主要内容，要求确切、醒目、简短。标题可以是单行标题，也可以是多行标题。有的简报在标题之前有编者写的按语，即编者按，它是编者观点的体现，是编者对所编材料内容的提示、说明和评论。按语的位置在报头的间隔线下方，标题的上方，顶格标明“按语”或“编者按”字样。

正文主要包括导语、主体和结尾三部分。

1. 导语

导语是用精辟的语言概括全文，或用叙述的方法交代事件、地点及意义；或用结论式方法，先写结果，以引起读者的注意；或开门见山，直接点明全文中心。

2. 正文

这是简报的中心内容，它承接导语，是导语的具体展开。要充分运用具体事例、典型材料和确凿数据对导语中涉及的事实和问题进行阐明、印证和回答。一般以叙述为主，先叙后议，也可以夹叙夹议。

正文的结构可根据具体情况采用不同的写作形式，如标题法，即将简报的主要内容分成小块，分别用小标题注明；新闻报道法，即以新闻报道的形式，将有关情况综合叙述；文件转发法，即为了推动某项工作的开展或为了介绍他人的经验，通过全文转载或摘要刊登的形式把需要转发的材料刊登在简报上；因果法，即先写“果”，后介绍“因”，多用于经验介绍类的简报。

3. 结尾

结尾用一段话对全文阐述的内容进行归纳、概括，进一步总结主旨；也可以指明事物发展的趋势，提出希望；还可以发出号召，要求行动和响应。

三、报尾

报尾位于简报最后一页下方。一般在最后一页的下端用两条间距适度的平行横线画出，在两条平行横线之内的左边写清简报的报、送、发单位。报，指上级单位，送，指平行或不相隶属的单位，发，指下级单位。在平行横线内的右端注明印刷份数。有的简报没有报尾。

【写作模板】

×××简报

第×期

××（单位）编　　　　　　　　　　年×月×日

按语：××××××××××××××××××××

××××××主题（标题）

××（正文）

报：×××

送：×××

发：×××

（共印×份）

注：如果有密级的简报，应在简报名称的左上端，空出一行，顶格标出密级；并在简报名称的右上端，标出保密简报的编号，以便保存查找。如不属于保密性的普通简报则不必编号。

情景训练

根据情景设定完成训练任务。主观作答（5 分）。

训练任务：根据“任务描述”的内容，拟写一份专题简报。有关专题内容可适当虚构。

实施要求：班级学生四人一组，扮演企业角色，对大会的具体情况进行梳理、总结。学生分别完成写作。小组代表发表简报，班级互评，得分高的小组的简报将被评为优秀作品，该小组将获得课程加分并对其作品进行课堂展示。

训练过程：

（1）收集整理会议简报的所有基础知识→归纳整理会议简报写作知识→对会议的内容进行认真梳理→撰写简报。

（2）上级审核→完成简报写作→按保密程度发布简报。

评价标准：本任务采用自评、互评、教师评价相结合的方式进行评价，具体评价分值占比：模块分值（5 分）= 30%（教师）+40%（小组）+30%（个人）。

（1）组内互评：小组成员互评，最优作品加 2 分，其余作品加 1 分。

（2）教师评价：老师对所有学生的简报进行教师评价，最高可加 1.5 分。

（3）自我评价：每个学生针对自己撰写的简报进行自我评价，最高可加 1.5 分。

扩展练习

一、分组指出下面简报的报头和报尾中的不足之处，由小组代表总结本组找出的错误，给准确找出错误最多并加以修改的小组加分。主观作答（1.5 分）。

内部材料
注意保存

工作会议简报

××区卫生局

2020 年 5 月 10 日　　　　　　　　　　　　　　　　第 6 期

报：省卫生厅、市卫生局
送：各区卫生局
发：各区属医院、卫生所
共印 80 份

××区卫生局
2020 年 5 月 10 日

二、评析下列简报。主观作答(1.5 分)。

××市中心学校德育工作
简　报

第　19　期

××市中心学校德育工作办公室　　　　　　2021 年 5 月 5 日

××市中心学校
响应《关于中小学内禁烟的通知要求》召开以禁烟为主题班队会

为了控制和减少吸烟危害，进一步营造教书育人的清新校园环境，倡导文明健康的社会风尚，切实保障学校职工和学生身体健康，按照《××市教育局办公室关于在全市中小学幼儿园内禁烟的有关事项的通知》要求，2021 年 5 月 5 日下午第七节课，我校各班召开了以“禁烟”为主题的班会。此次班会的目的是让全体师生充分认识校园禁烟的重要意义，自觉遵守学校禁烟规定，以实际行动作出表率，自觉维护法规制度权威，树立自身良好形象。在班会课上，各班班主任利用我校的多媒体设备通过图片、视频材料从香烟的成分、危害、各国对香烟的态度方面着手，为学生介绍了相关的知识。学生们针对香烟话题展开了激烈地讨论，对校园禁烟发表了自己的看法，我校四年级二班的同学在“拒绝抽烟，从我做起”的黑板倡议书上庄重地签下了自己的名字。40 分钟的班会课，使学生全面地了解了香烟的害处和关于禁烟的各项规定。相信通过本次班会课，我校“禁烟”活动的成效会更加显著。

初稿：刘洋洋

审稿：韩俊峰

任务总结

主观作答（2 分）。

反思总结	收获感想

考核评价

评分项	分值	评分要求	得分
基础知识	2 分	自主学习，掌握简报的相关基础知识要点	
情景训练	5 分	独立完成简报的撰写，要求格式无错误，表述正确	
拓展练习	3 分	分小组完成例文的点评，团队合作，组长积极作答，给找出错误点最多的小组加分	
任务总结	2 分	认真完成各环节，提升写作素养，填写任务总结	

注：教学视频可扫描二维码观看。

项目四 推广商品

项目背景

项目导入

本项目以企业产品推广为背景，采用情景教学的教学方法，学习产品在市场推广中所需的文体，以便更好地提高产品的销量，提升品牌的知名度。

创新是企业生存和发展的不竭动力。曹丽影公司的软件产品打开市场销路后，公司在业内站稳了脚跟。为了进一步提升软件的科技含量，她急需进一步深入了解市场，了解客户群的消费诉求，继续开发新产品，并着手将其推广。那么这系列活动需要使用哪些应用文体呢？

写作规则

本项目分为三个任务，包括撰写市场调查报告、广告策划方案、产品说明书，具体的项目规划如下。

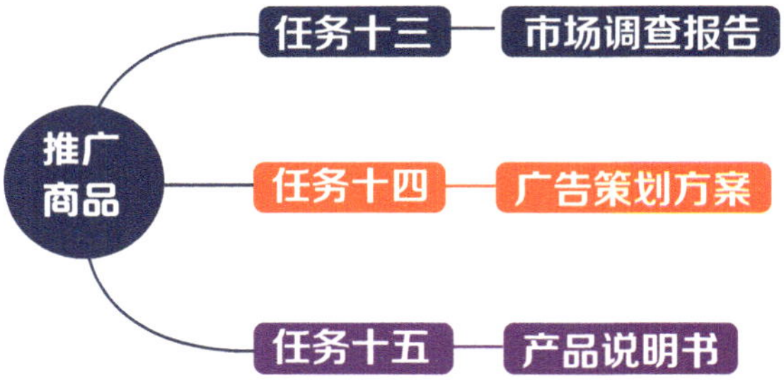

任务十三　市场调查报告

基础信息

工单编号	C2301111110570	**工单名称**	市场调查报告
工单类型	基础型工单	**面向专业**	各专业通用
工单大类	基础课程	**能力面向**	专业技术能力
职业岗位	全系列岗位		
实施方式	模拟实施	**考核方式**	演讲汇报
工单难度	较易	**前序工单**	
工单分值	12 分	**完成时限**	4 课时
工单来源	校内开发	**建议组数**	4 组
组内人数	10 人	**工单属性**	私有工单
版权归属	苑晓路	**附件资源**	2 个
考核点	掌握市场调查报告的基础知识、完成市场调查报告的撰写		
工单简介	本工单采用情景教学法，要求学生掌握市场调查报告的写作要点，能够撰写一份完美的市场调查报告		
设备环境	多媒体教室		
教学方法	1. 项目教学法，在深入参与项目活动的过程中掌握应用文相关知识与写作技巧，让学生主动参与、有目的地展开自主学习，变被动学习为主动学习。 2. 情景教学法，根据教学目标，准确把握教学重点、知识点，创设任务情境，任务情境贯穿于教学的全过程，激发学生学习的兴趣和好奇心。把教学目标转化、分解为学生任务的学习目标。 3. 案例分析法，采用例文介绍的方式，给出完成该写作文体的思路、流程和格式，引导学生思考该文体的写作思路，注意事项，提升写作素养。 4. 分组探究法，由学习组长组织进行任务扩展的探究，通过小组合作学习，进一步巩固知识，充分发挥学生自主学习能力，提高团队协作能力		
用途说明	应用文是现代社会人们在工作、学习、生活中经常用到的信息交流工作工具，因此每个人都应该掌握应用文写作的基本知识和技能。对于即将步入社会的中高职生来说，学校更应该注重对其进行这方面能力的培养和训练，以适应实际生活和工作需要		
工单开发	苑晓路	**开发时间**	2023-06-01 15:30

实施人员信息

姓名		班级		学号		电话	
隶属组		组长		岗位分工		伙伴成员	

任务目标

知识目标

掌握市场调查报告的相关基础知识。

能力目标

能够根据工作需要，规范完成市场调查报告的写作。

素质目标

1. 通过小组合作，提升学生团队合作意识。
2. 培养学生综合素质和应用文写作素养。

任务说明

任务背景

找准市场才能抓住机遇，一定要先进行市场调查然后再进行产品研发。市场调查报告对于营销管理来说犹如侦查之于军事指挥。可是市场调查报告该怎样设计才具备较强的可行性和合理性呢？这需要掌握相关的专业知识。

任务描述

目前公司准备在直播间销售服装和食品类商品，急需进行市场调查。让我们来看看这份《××直播传媒公司服装销售市场调查报告》吧。

任务需求

通过市场调查报告写作的学习，掌握市场调查报告撰写的重难点，能够撰写一份符合要求的市场调查报告。

基础知识

请同学自主学习基础知识内容，并提交学习笔记。主观作答（2分）。

基础知识收集

非学无以广才，非静无以成学

——诸葛亮

一、市场调查报告的定义

市场调查报告是运用科学的方法，有组织、有计划地对国内、国际商品交易市场营销的各种情报资料进行搜集、整理、分析和研究，做出恰当结论后写成的书面报告。

二、市场调查的方法

撰写市场调查报告，首先要进行市场调查。市场调查的方法有很多，如普查法和抽样调查法、典型调查法和重点调查法等，常用方法有如下几种。

1. 口头调查法

口头调查法是指根据已经制订的调查计划，用口头方式取得调查资料的一种方法。采用口头调查方法时，可以通过个人访问或小组访问的方式进行调查，如召开一些不同类型的座谈会，直接交谈，或找个别对象访问，也可以打电话向被调查者询问或征求意见。

2. 问卷调查法

问卷调查法是指制定市场调查问卷让被调查者填写。结构为被调查者的基本情况（主要有姓名、性别、年龄、民族、文化程度、工作单位、职业、住址、家庭人口等）、调查内容（所需调查内容的具体项目）、问卷填写说明（包括目的要求、项目含义、调查时间，被调查者填写时应注意事项，调查人员应遵守事项等）、编号（以便于分类归档，便于计算机管理）。设计市场调查问卷时应注意以下方面。

第一必要性，所提的问题应直接为目的服务，没有价值或无关紧要的问题不列入。

第二可行性，应尽量避免列出令人难以回答的问题，注意使用适合被调查者身份、水平的词句或用语。

第三准确性，提问要简单明确，切忌模棱两可或难以理解。

第四艺术性，提问要讲究艺术性和趣味性，使被调查者乐于回答。

问卷调查法的优点在于其适用于大面积调查，可以一次性地获得大量的市场信息，比较节省时间，而且可控性强，尤其便于定量分析问题。但信息的可信度会受到问卷调查对象的道德、文化、认识水准的影响。

3. 观察调查法

观察调查法即通过直接观察取得第一手资料的调查方法。市场调查人员直接到商店、订货会、展销会、消费者比较集中的场所，借助于照相机、录音机或直接用笔录的方式，身临其境地进行观察记录，从而获得重要的市场信息资料。观察调查法的优点是可以客观地收集资料，可以集中了解问题。不足之处在于许多问题观察不到，如被调查者的兴趣、偏好、心理感受、购买动机、态度、看法等。

4. 实验调查法

实验调查法即从影响市场调查问题的诸多因素中选出一两个，在一定条件下进行小规模实验的方法。在改变商品的设计、包装、价格、品质、广告等因素时，先做小规模实验，收集用户意见，预测产品销售量，然后研究决定可否大规模投产或进入市场。它是目前运用较多的一种方法，试销会、展销会、看样订货会、国际博览会都是运用这种方法。

5. 统计分析法

统计分析法是利用企业内的现成资料，如统计、会计、报表及有关数据进行综合分析的一种调查方法。这是一种间接调查法，可分为发展趋势分析、相关因素分析、市场占有率分析、市场覆盖率分析等，这种调查可为现场调查做准备，还可以弥补现场调查的不足。这种方法调查的问题更为广泛，而且费用低廉。

例文赏析

××直播传媒公司服装销售市场调查报告

2022 年，国内服装销售连续保持了平稳较快地增长，但 2022 年，我国服装市场商品平均单价同比呈现较大幅度的上涨，消费下移态势明显，高档销售增速减慢，网上购物增多，快时尚和平价商品吸引了大批的消费者。

一、服装市场运行状况

1. 服装消费下移态势明显，高档消费增速放缓。

2022 年，服装价格的快速上涨引发了我国服装消费下移态势明显，高档服装消费增速显著放缓。

2. 快时尚服装品牌加速布局国内二三线市场。

2022 年，ZARA、H&M 等品牌集中度相比上年消失和下滑的品类有 9 个，其中，棉毛衫裤、牛仔服、运动服、童装和羽绒服的下滑幅度均超过1个百分点。

……

二、2023年服装市场趋势展望

1. 平价服装市场将快速发展。

2022年，平价服装由于其价格优势大，销售业绩表现突出。随着消费需求的不断增长，以及平价服装品牌加速在国内市场的布局，2023年，估计平价服装市场仍将保持快速发展。

2. 差异化服装将不断涌现。

目前，我国服装市场商品同质化、单一化的现状很难满足消费者对服装消费多样化和个性化的需求，同时，由于居民收入差距扩大，不同收入阶层在应对服装价格上涨时表现出的差异性越来越明显，因此，估计未来差异化服装将不断涌现。

3. 网上销售市场竞争将愈发激烈。

从2022年的发展趋势来看，随着越来越多的企业向线上发展，网上销售服装的企业数量大幅增加，网上销售已经进入了拼资金、拼价格、拼渠道的时期。同时，为了规范市场标准，政府相关工作部门正在逐渐加大对网上销售的监管，例如，增加税收、必须销售正品服装等，这将导致大批企业面临被淘汰的危机。另外，随着消费需求升级，消费者网购服装将渐渐从比价升级至比品质。因此，随着服装网上销售环境的变化，市场竞争程度也将不断加剧。

××直播传媒公司市场部

2022年11月1日

评析 这是一份关于服装销售情况的市场调查报告，标题高度概括，较为精练。前言部分写出调查报告撰写的依据和目前服装销售的基本情况。主体内容分写具体详细情况，条理清晰，且结合市场实际，可信度高。结尾是预测性和展望性的，参考价值高。

写作指南

市场调查报告的结构和写作方法

一、标题

一般来说，市场调查报告的标题没有严格的格式。它要求与文章的内容融为一体，是文章内容的高度概括，用精练简洁的文字表现文章的中心思想。市场调查报告的标题形式有在标题里直接写明市场调查的地区、调查的项目和文体；在标题里直接提出某一种商品在市场上的问题，点明文章的中心，如“×牌冰箱被冷落”；用主标题点明文章的中心，再用副标题说明市场调查的项目、地区和文体；用大标题点明市场调查的项目、范围、内容和情况，用小标题说明全文的主要内容。

二、前言

前言部分用简明扼要的文字写出调查报告撰写的依据、调查报告的研究目的或主旨，调查的范围、时间、地点及所采用的调查方法、方式。

三、主体内容

主体内容是市场调查报告的主要部分，一般是写调查分析的主要情况、做法、经验或问题。如果内容多、篇幅长，最好分成若干部分，并各加上一个小标题；难以用文字概括其内容的，可用序码来标明顺序。主体内容部分有以下四种基本结构形式。

1. 分述式

这种结构多用来描述对事物作多角度、多侧面分析的结果，是多向思维在谋篇布局中的反映，其特点是反映业务范围宽、概括面广。

2. 层进式

这种结构主要用来表现对事物的逐层深化认识，是收敛性思维在文章谋篇布局中的反映，其特点是虽然业务概括面不广，分析却很深。

3. 三段式

主体内容部分由三个段落组成：现状、原因、对策。此三段是三个层次，故称三段结构。

4. 综合式

主体内容部分将上述各种结构形式融为一体，加以综合运用，即为综合式。例如，用“分述结构”来写“三段结构”中的“现状”；用“三段结构”来写“层进结构”中的一个层次；用“总分结构”来写“分述结构”中的某一方面内容，等等。

四、结尾

结尾的写法灵活多样，一般有以下几种。

1. 自然结尾

如果主体内容部分已把观点阐述清楚，作出了明确结论，便可自然结尾。

2. 总结性结尾

为加深读者的印象，深化主旨，概括前文，把调查分析后对事物的看法再一次强调，作出结论性的收尾。

3. 启示性结尾

在写完主要事实和分析结论之后，如果还有些问题或情况需要指出，以此引起读者的思考和探讨，或为了展示事物发展的趋势，指出努力方向，便可以写一个富有启示性的结尾。

4. 预测性结尾

有的调查报告在提出调查分析情况和问题之后，又写出作者的预测，说明事情发展的趋向，指出可能引起的后果和影响。这是在更广阔的视野上来深化主题。

注意事项

（1）要以大量的情报资料为基础进行写作。只有建立在真实、典型的信息资料基础上的调查报告，才能分析出有关规律，所提出来的建议和措施才具有科学性、针对性和实际指导价值。如果材料不全面、不真实、不典型，结论就没有科学性。

（2）分析研究要充分有力。市场调查报告不是资料的简单罗列，而是要对有关资料进行深入科学地整理归纳和分析研究。要综合运用统计学、数学、经济学等有关学科的原理和方法，通过深入细致的分析、推导和判定，寻找和发掘出市场活动的规律性动向。

（3）要突出重点。要善于分清主要矛盾和次要矛盾，有针对性地抓住重点，切忌面面俱到。

（4）语言力求准确、简练。

特别提示

（1）市场调查报告一定要紧密联系消费者，具备真实性。

（2）调查调研必须与市场战略紧密结合，与营销策划环环相扣，这样才能有效地产出策略与创意。

（3）市场调查报告要注重实效性。在经济活动中，市场形势瞬息万变，对任何一个企业，时间就是金钱和效益，任何过时的信息与报告，都会失去其应用价值。

写作误区

（1）下载模板、套格式——缺乏真实性。

（2）拿以前的报告改改——缺乏时效性。

（3）抄袭其他公司的市场调查报告——缺乏针对性。

（4）问同事要资料，网上收集资料凑数——缺乏可行性。

情景训练

根据下面的市场调查模板，写作一份关于学生零用钱使用情况的调查报告。主观作答（5分）。

______市场调查

______

______

______（引言）。

调研方法

1. 调查设计

______

______。

2. 资料收集的方法

______。

3. 抽样方法

______。

调查数据统计分析

______

结论______

附录：

××××

×年×月×日

训练任务：将班级学生分为四组，为了让每位学生都能获得一次参与的体验，老师要求所有组员都要点评其学生写作的调查报告，凡点评得到多数组员认可的同学，其调查报告将被评为优秀作品，该同学将获得课程加分并对其作品进行展示。

实施要求：根据所给模板，写作一份关于学生零用钱使用情况的调查报告，要求格式正确，内容完整。

训练过程：

(1)收集整理制作市场调查报告的所有基础知识→归纳整理市场调查报告的写作知识→对收集到的材料进行认真梳理→撰写市场调查报告。

(2)收集、整理其他同学写作的市场调查报告→对收集到的市场调查报告进行筛选与评审→确定获得优秀作品的学生的名单→给予奖励。

评价标准：本任务采用自评、互评、教师评价相结合的方式进行评价，具体评价分值占比：模块分值(5分)=30%(教师)+40%(小组)+30%(个人)。

(1)组内互评：由其他组员对收到的市场调查报告进行评价，能获得80%认可的市场调查报告将被评为优秀，其作者可加2分，其余上交市场调查报告的学生做到格式正确并按照要求写作的加1分。

(2)教师评价：老师对所有学生的市场调查报告进行教师评价，最高可加1.5分。

(3)自我评价：每个学生针对自己撰写的市场调研报告进行自我评价，最高可加1.5分。

扩展练习

分组指出下面市场调查报告的不足之处，由小组代表总结本组找出的错误，给准确找出错误最多并加以修改的小组加分。主观作答(3分)。

大学生饮食消费市场调查报告

一、调查背景

大学生年龄较轻，群体较特别，他们有着不同于社会其他消费群体的消费心理和行为。一方面，他们有着旺盛的消费需求，另一方面，他们尚未获得经济上的独立，消费受到很大的制约。消费观念的超前和消费实力的滞后，都对他们的消费有很大影响。就食品消费而言，大学生有其自己的特点，为了调查清楚大学生的食品消费问题,我决定对身边的同学进行一次食品消费的调研,弄清楚大学生要花多少钱在食品上,花的是否合理,是否必须,如果不合理应该怎么改进。

二、问卷情况

我于5月2日到4日之间,对我们身边的同学进行了随机的问卷调查,共发放调查问卷24份,收回有效问卷22份。调查的大部分为女生,所以此次的调查目标为在校女大学生。

三、数据统计和分析

1. 总消费额

统计结果表明,月消费额主要集中在1500—2500之间,3000—4000之间也占有一定的比率,但较少,而两个极限a. 1000以下和d. 4000以上都比较少,比较符合正态分布。对于一个纯消费群体而言,消费总额在2000—2500之间是正常的,其他区间符合正态分布。

2. 饮食消费

从调查中可以看出,饮食支出主要在300—400元之间,相对而言是一个较低的数值。调查的主要对象为女生,相对而言,饭量比较小,所以在吃饭消费上比较少;再者,女生都要保持身材,所以在吃的上面花费的较少。这也从侧面反映了一个现象,减肥观念在大学校园的流行。

消费地点大都在学校食堂,小餐厅点菜的和外面餐馆的相对比较少,在这些地方就餐的原因,大部分是因为方便,其他的各占一部分,由数据可以看出,我校的大学生对面子看得还不是很重,没有选"有面子"的。

3. 零食的消费

零食的每天支出主要在20—30元之间,就我预期的而言,是一个比较合适的数字,其他各区间都占有一定的比例,5—8元和30元以上的人基本持平,可见,对于一些人而言,零食是所有消费支出中占的比重较大的一部分。可见,对女生而言,零食是不可或缺的一项内容,有的女生甚至以零食为主食,不按正常的时间就餐,只是拿零食来解决了事,可见零食在女生的生活中占很大比重。

四、更进一步的思考

综合以上的数据我们可以看出,"两耳不闻窗外事,一心只读圣贤书"的时代已经过去,中国的大学学子目前正受到市场经济的强力冲击。在同一屋檐下的大学生群体,包容着具有多种经济状况和消费能力的个体,他们像鸡尾酒一般拉开层次，并且区分程度相对稳定。这种经济上的差异和分层不仅取决于他们不同的价值取向、思维方式和性格特征，而且也是地域经济差异性的反映。但是大学生作为一个群体在消费方面是有一些共性的特点的。

1. 理性消费是主流

价格、质量是吸引大学生消费的主要因素。从调查结果来看，讲求实际、理性消费仍是当前大学生主要的消费观念。他们每月可支配的钱是固定的，大约在600–800元之间，家境较好的一般也不超过1500元，而这笔钱主要是用来支付饮食和日常生活用品开销的。由于消费能力有限，大学生们在花钱时往往十分谨慎，力求“花得值”，他们会尽量搜索那些价廉物美的商品。在吃的方面上，力求便宜有营养，不浪费过多的钱在面子问题上，而且在购买零食上，更突出了理性消费的一面，不受外界的影响，以自己的喜好为出发点。

2. 消费结构存在不合理因素，女生更为突出

大学生的生活消费从20世纪70年代至今，至少有一个方面是共同的，即消费的主要组成部分以生活费用和购买学习资料、用品为主。在生活费用中，饮食费用又是重中之重，按照这边的物价水平，以学生在校每天消费45元左右用于基本饮食需要来估计，学生每月净饮食费需1500元左右。

我们惊奇地发现，在被调查的20名女生中，55%饮食费用在1500元以下，有的为了保持苗条身材控制自己的食欲，有的为了节约支出不顾营养需要净选择廉价的饭菜，有的就干脆以水果为食，不吃主食。

五、结论与建议

综合以上分析，我们可以看出大学生的消费心理总体上处于成长健全期。他们在质量、价格、品牌、情绪等诸多影响购买的因素里面，首先考虑质量的因素，但更注重价格与情绪的影响。因此可以说大学生充满的是感性而略掺有理性的消费观。

那么对于大学生在消费中产生的问题，我们能提出什么建议呢？

1. 增强独立意识，培养和加强理财能力；

2. 形成大学生良好消费风气。

第二市场调查小组

2023年3月15日

任务总结

主观作答(2 分)。

反思总结	收获感想

考核评价

评分项	分值	评分要求	得分
基础知识	2 分	自主学习,掌握市场调查报告的相关基础知识要点	
情景训练	5 分	独立完成市场调查报告的撰写,要求格式无错误,表述正确	
拓展练习	3 分	分小组完成例文的点评,团队合作,组长积极作答,给找出错误点最多的小组加分	
任务总结	2 分	认真完成各环节,提升写作素养,填写任务总结	

注:教学视频可扫描二维码观看。

任务十四　广告策划方案

基础信息

工单编号	C2301111110571	**工单名称**	广告策划方案
工单类型	基础型工单	**面向专业**	各专业通用
工单大类	基础课程	**能力面向**	专业技术能力
职业岗位	全系列岗位		
实施方式	模拟实施	**考核方式**	演讲汇报
工单难度	较易	**前序工单**	
工单分值	12 分	**完成时限**	2 课时
工单来源	校内开发	**建议组数**	4 组
组内人数	10 人	**工单属性**	私有工单
版权归属	闫安	**附件资源**	1 个
考核点	掌握广告策划方案的基础知识，完成广告策划方案的撰写		
工单简介	本工单采用情景教学法，要求学生掌握广告策划方案的写作要点，能够撰写一份符合消费者需要的广告策划方案		
设备环境	多媒体教室		
教学方法	1. 项目教学法，在深入参与项目活动的过程中掌握应用文相关知识与写作技巧，让学生主动参与、有目的地展开自主学习，变被动学习为主动学习。 2. 情景教学法，根据教学目标，准确把握教学重点、知识点，创设任务情境，任务情境贯穿于教学的全过程，激发学生学习的兴趣和好奇心。把教学目标转化、分解为学生任务的学习目标。 3. 案例分析法，采用例文介绍的方式，给出完成该写作文体的思路、流程和格式，引导学生思考该文体的写作思路，注意事项，提升写作素养。 4. 分组探究法，由学习组长组织进行任务扩展的探究，通过小组合作学习，进一步巩固知识，充分发挥学生自主学习能力，提高团队协作能力		
用途说明	应用文是现代社会人们在工作、学习、生活中经常用到的信息交流工作工具，因此每个人都应该掌握应用文写作的基本知识和技能。对于即将步入社会的中高职生来说，学校更应该注重对其进行这方面能力的培养和训练，以适应实际生活和工作的需要		
工单开发	闫安	**开发时间**	2023-06-01 15:32

实施人员信息

姓名		班级		学号		电话	
隶属组		组长		岗位分工		伙伴成员	

任务目标

知识目标

掌握广告策划方案的相关基础知识。

素质目标

能够根据市场需要,规范完成广告策划方案的写作。

能力目标

1. 通过小组合作,提升学生团队合作意识。
2. 培养学生综合素质和应用文写作素养。

任务说明

任务背景

随着商品经济的发展,广告的社会职能越来越重要。广告在传播市场信息、沟通产销渠道、开展竞争、指导消费、促进生产、活跃经济等方面起着越来越大的促进作用。在西方,人们把推销商品而不做广告比作在黑暗中向情人送秋波。

任务描述

为了进一步加大新产品的宣传力度,扩大其在市场上的影响力,曹丽影决定在公司三周年庆典活动期间,面向省内举办系列广告宣传活动。经公司研究,决定将这次广告策划和宣传任务交给广告部经理江昊负责。当总经理将新产品的相关资料交给江昊时,特别向江昊强调了两点要求:一是本次广告策划一定要契合产品、突出创意;二是本次广告策划和宣传费用不能超出公司的预算。

任务需求

通过广告策划方案写作的学习,掌握广告策划方案撰写的重难点,能够撰写一份符合消费者需要的广告策划方案。

基础知识

请同学自主学习基础知识内容,并提交学习笔记。主观作答(2 分)。

基础知识收集

黑发不知勤学早,白首方悔读书迟

——颜真卿

一、广告策划方案的定义

广告策划方案是企业为了达到最佳的营销效果而进行的具有创意性的广告策划工作的结晶,是广告策划决定的各种战略、策略、方法和步骤的书面表达形式。

二、广告策划方案的特点

1. 目标性

写作广告策划方案应先明确广告活动应达到什么样的目的,是为了扩大影响、提高知名度、创造名牌企业、追求社会效益,还是为了配合营销策略、抢占市场、促进产品销售或追求经济效益。只有目标明确,广告策划方案才能有一个写作中心,否则就会成为盲目拼凑或堆砌的资料。

2. 策略性

在广告策划方案中,策划项目的推进顺序,广告的制作、代理、发布等都必须具有可操作性,能够解决企业的现实问题。

3. 创新性

创新性是广告策划方案的灵魂。在写作过程中,模仿和重复他人都不可能写出有价值的广告策划方案。

三、广告策划方案的种类

根据广告策划范围的不同,广告策划方案可分为以下两类。

1. 宏观广告策划方案

宏观广告策划方案,又称整体广告策划方案或总体广告活动策划方案,广告目标下的一系列广告活动的系统性预测和决策,即对包括市场调查、推广战略战术确定、经费预算、效果评估在内的所有运作环节进行总体决策的方案。

2. 微观广告策划方案

微观广告策划方案，又称单项广告策划方案，即单独地对一个或几个广告的动作全程进行策划的方案。

例文赏析

×××××广告策划方案

××公司是一家生产化妆品的新兴企业，组建于×年，主要生产中高档化妆品，目前在市场上已占有一定份额。目前公司市场开发部门研制的××防晒新产品即将投放市场，这将为公司占领中国化妆品市场增加机会。

一、广告目标

1. 扩大品牌知名度及市场影响力。

2. 推广新产品，为新产品制造市场。

3. 促成目标消费群体转变使用相关化妆品的消费习惯，创造一种消费时尚，并由此开辟更广阔的市场空间。

4. 在夏季激烈的市场竞争中立于不败之地。

二、广告定位

由于×××品牌本身在消费者心中的地位是中高档化妆品，因此其广告的档次也应该达到相应层次。

1. 市场定位：广告及促销活动重点在北京、上海、广州三大城市开展（下文以上海为例）。

2. 商品定位：将防晒与美白合二为一的新一代高科技防晒用品。

3. 宣传定位：全新的防晒与美白理念铸就生活化的美丽。

三、广告表现

同类产品充斥着整个化妆品市场，尤以国外进口化妆品品牌最具威胁性。各品牌防晒霜（乳液）的防晒效果十分相近，不同之处则在于各品牌自身的特殊成分及其功效。因此，这一时期的户外大型广告的重点应在于以下三方面。

1. 引导目标消费群体的消费理念——新一代防晒用品＝防晒＋美白。

2. 树立并巩固×××品牌的市场定位，提升×××品牌在消费者品牌概念中的地位。

3. 利用广告的艺术性表达并强调×××多效修护霜的卓越防晒功效及独特美白成分在防晒同时对肌肤的美白功能。

户外促销广告的策略重点则放在比较上，采取与对手进行功能比较的方式，着力强调×××多效修护霜的“防晒+美白”修护的超强功能，以此确立消费者对×××多效修护霜的购买信心与品牌知名度，并借此占领更多的市场份额。

四、广告媒介选择及实施方案

(一)广告媒介

1. 大型户外广告牌或大型广告灯箱。

2. 橱窗广告或专柜广告。

3. 沿街式吊旗广告。

4. 地铁灯箱广告

5. 车体广告

(二)广告媒介户外实施方案(上海地区)

户外大型广告主要采用楼顶广告牌、街边艺术广告牌和沿街悬挂式广告旗的形式。

1. 楼顶广告牌实施方案。

(1)主题：×××，惊喜你自己！

(2)实施地点：淮海路国泰电影院大楼楼顶广告牌。

(3)规格：3米×10米。

(4)内容：整幅广告以水波为背景，营造一种浸泡在水里的感觉，在炎炎夏日给人以清新凉爽的感觉。广告画面由女模特、×××多效修护霜、×××标志、广告语组成，意图表达得十分明显，×××多效修护霜的图片强调了广告诉求商品的目的。

(5)影响范围：方圆4千米

2. 街边艺术广告牌实施方案(略)。

3. 沿街悬挂式广告旗实施方案(略)。

五、广告预算

调研费用30 000元

媒介费用750 000元

制作费用70 000元

广告管理协调50 000元

其他费用30 000元

共计930 000元

六、广告效果评估与监控

1. 事前：采用“试验法”对广告作品进行评估。

2. 事中：广告播放期间，对受众做调查，并统计媒体实际覆盖率和受众对广告播出的反应。

3. 事后：对这次广告总效果进行综合评估。

附件：1. 市场调查问卷

2. 平面广告方案

评析 这篇广告策划方案一目了然，可操作性强。其优点具体表现在内容翔实，材料丰富，将策划所牵涉的各种材料进行了有序的梳理，并用条列式井井有条地围绕策划对象，从广告目标、广告定位、广告表现、广告媒介选择及实施方案、广告预算和广告效果评估与监控诸方面进行了分析和策划。

写作指南

广告策划方案的结构和写作方法

广告策划方案是对整个广告活动进行全面的策划，其形式结构因类型的不同而千差万别，一般包括封面（标题）、目录、前言和正文。

一、封面（标题）

封面应美观大方，内容上应写明标题、策划单位名称、时间。标题一般由产品名称和文体组成，如“MOTO-860 手机广告策划方案”。策划单位要写全称，必要时署明策划人或组织人员姓名。时间是指策划方案完成的时间。

二、目录

目录应涵盖整个策划方案的主体内容，能使人对该广告策划方案的全貌、策划人的思路、策划方案的整体结构有基本的了解。

三、前言

前言是对广告策划方案的总体概述和说明，目的是让企业高层决策者或执行人员快速了解方案的基本内容，因此要准确概述或说明广告策划方案的时限、目标、任务和广告主要的营销战略。

四、正文

1. 广告环境分析

广告环境分析包括市场分析、消费者分析、产品分析、企业和竞争对手分析等，是广告策划和创意的基础，是在市场调查的基础上对广告产品进行的定量和定性分析。

2. 广告目标

广告目标是广告活动要达到的目的。在广告策划方案中要对广告目标进行量化的具体表述，包括开展广告活动后，企业或产品的知名度及美誉度提高的百分比、市场占有率提高的百分比等各项具体指标。

3. 广告定位

广告定位包括广告诉求对象和广告地区定位，要根据产品定位和市场研究确立目标消费者和目标地区。广告策划方案不仅要准确描述定位对象，而且要对理由作适当分析。

4. 广告创意表现

这是广告策划的重点。广告创意是极其复杂的创造性思维活动，其作用是要根据消费者个性和消费心理确定新颖而又正确的广告主旨。广告创意表现是广告策划方案由决策进入实施的阶段，即广告的设计制作。其质量的好坏直接关系到广告策划方案的优劣。

5. 广告媒介选择和规划

广告媒介选择和规划是针对既定的广告目标，在一定的预算约束下对媒介的选择、组合和发布的策划和安排。广告策划方案要具体地说明广告媒介规划的内容，以便于执行。

6. 广告预算

广告预算是一项系统性工程，它要求广告先确定准备用于开展广告活动的具体经费数目，再决定出于什么目的、在什么时间、什么地点支配使用这些广告经费。一个设计周全的广告策划方案应对广告活动的经费总额、使用范围和使用方法进行准确编制和说明。

7. 广告实施计划

广告实施计划是对广告对象、广告时间、广告区域、广告形式、发布频率等内容的具体说明，是在上述各主要内容的基础上，为广告活动的顺利实施而制订的具体措施和手段。

8. 广告效果评估与监控

为了了解广告宣传是否达到广告目的或是否产生对其他方面的影响，在广告策划方案中应制订出评估与监控的内容和方法。

注意事项

(1)简洁明了。要根据内容的不同,运用图表式、文字式等形式来表达,能用图表说明清楚的就不必用文字,能用一句话说清的问题就不用第二句话。

(2)层次分明。要有条不紊,先要把方案的结构安排好,要点分明,重点突出,每个部分都要紧紧围绕广告主旨展开。

(3)善于归纳。编写广告策划方案要用客观、真实的资料归纳出有关事项,并对此进行解释和说明,使决策者明白如此策划或建议的理由。

(4)说明资料的来源。在运用相关资料时,必须注明资料的来源,是通过什么途径获得的。资料的可信度有多大、时效性如何、保密性如何等,都应在方案中注明。

广告创意的原则

创意,creative 的英文原意是创造、创建、造成的意思。广告创意是介于广告策划与广告表现之间的艺术构思活动,即根据广告主题,经过精心思考和策划,运用艺术手段,把所掌握的材料进行创造性组合,以塑造一个意象的过程。简而言之,即广告主题意念的意象化。广告创意应遵循独创性和实效性原则。

1. 广告创意的独创性原则

广告创意不能因循守旧、墨守成规,要勇于创新,标新立异。只有独创性的广告创意才具有最大强度的心理突破效应。别出心裁、新奇大胆,而且具有鲜明特色的广告才能触发人们的浓烈兴趣,才能在受众脑海中留下深刻的印象,从而达到长久记忆的效果。

2. 广告创意的实效性原则

广告创意能否实现营销目的,很大程度上取决于广告信息的传达效果,也就是受众群体的正确理解。在进行广告创意时,应善于将各种信息符号进行完美的组合,使其更加易于被受众理解并接受。广告创意中的意象组合和传达应与广告主题、广告长期战略目标相吻合。

情景训练

根据情景设定完成训练任务。主观作答(5 分)。

训练任务:为了进一步加大新产品的宣传力度,扩大其在市场上的影响力,完达山股份有限公司决定在公司周年庆典活动期间，面向省内举办系列广告宣传活动。经公司研究，决定将这次广告策划和宣传任务交给广告部经理程智负责。当总经理将新产品的相关资料交给程智时，特别向程智强调了两点要求：一是本次广告策划一定要契合产品突出创意；二是本次广告策划和宣传费用不能超出公司的预算。请为完达山奶粉制作一份广告策划方案。

实施要求：将班级学生分为四组，根据所学的知识要点，研究讨论并着手动笔设计广告策划方案，将完成的广告策划方案递交到其他小组进行打分，得分最高的4份广告策划方案将被评为优秀作品。

训练过程：

梳理归纳广告策划方案的写作知识要点→了解广告策划流程→学习广告策划方案的构成及写作要点→撰写广告策划方案→根据重难点检查广告策划方案内容是否丰富、格式是否正确。

评价标准：本任务采用自评、互评、教师评价相结合的方式进行评价，具体评价分值占比：模块分值（5分）= 30%（教师）+40%（小组）+30%（个人）。

（1）组内互评：四个小组扮演的公司领导对收到的广告策划进行评价，将收到的作品中得分最高的4份评为优秀作品，其作者可加2分，按正规格式完成广告策划方案的学生可加1分。

（2）教师评价：老师对所有学生的广告策划进行教师评价，内容新颖、格式准确最高可加1.5分。

（3）自我评价：每个学生针对自己撰写的广告策划进行自我评价，最高可加1.5分。

扩展练习

分组指出下面的广告策划方案的不足之处，由小组代表总结本组找出的错误，给准确找出错误最多并加以修改的小组加分。主观作答（3分）。

公益广告策划方案

居民社区内司空见惯的小广告乱贴乱画，不仅污染了社区的环境，让居民极度反感，也严重影响了“创城”进程。因此，本广告适时进入社区，净化美化了小区生活环境，而且也潜移默化地提升了居民的精神文化生活。

此举是建设银行牵公益事业之手，树企业良好形象之举，必定得到广大市民的认可与赞许；此举是不失一次绝好的政府公关，拉近了建设银行与政府的距离；

此广告形式新颖、别致兼有公益广告与企业商业广告，注目率高，定为建设银行创造良好的社会效益与经济效益。

因此这是一项政府满意、市民满意、企业满意三满意工程。

一、广告名称

社区便民信息服务栏。

二、广告形式

在各社区大门的出入口或小区内街路两侧等醒目的位置安装。

三、广告规格及其材料

1. 2.4Mx1.2M，本规格为不锈钢制作，高档大方。

2. 1.0Mx1.5M，本规格是方管框架，彩色喷绘，制作精美。

六、广告发布区域

济宁市城区共有古槐、阜桥、金城、越河、济阳、南苑、观音阁、仙营、等8个街道办事处所辖131个社区居委会。

任务总结

主观作答(2分)。

反思总结	收获感想

考核评价

评分项	分值	评分要求	得分
基础知识	2 分	自主学习，掌握广告策划方案的相关基础知识的要点	
情景训练	5 分	完成一份符合消费者需求的广告策划方案，要求格式无错误，表述正确，吸引顾客	
拓展练习	3 分	分小组完成例文的点评，团队合作，组长积极作答，给找出错误点最多的小组加分	
任务总结	2 分	认真完成各环节，提升写作素养，填写任务总结	

注：教学视频可扫描二维码观看。

任务十五　产品说明书

基础信息

工单编号	C2301111110572	**工单名称**	产品说明书
工单类型	基础型工单	**面向专业**	各专业通用
工单大类	基础课程	**能力面向**	专业技术能力
职业岗位	全系列岗位		
实施方式	模拟实施	**考核方式**	演讲汇报
工单难度	较易	**前序工单**	
工单分值	12 分	**完成时限**	2 课时
工单来源	校内开发	**建议组数**	4 组
组内人数	10 人	**工单属性**	私有工单
版权归属	闫安	**附件资源**	1 个
考核点	掌握产品说明书的基础知识、完成产品说明书的撰写		
工单简介	本工单采用情景教学法，要求学生掌握产品说明书的写作要点，能够完成一份符合产品特性的产品说明书		
设备环境	多媒体教室		
教学方法	1. 项目教学法，在深入参与项目活动的过程中掌握应用文相关知识与写作技巧，让学生主动参与、有目的地展开自主学习，变被动学习为主动学习。 2. 情景教学法，根据教学目标，准确把握教学重点、知识点，创设任务情境，任务情境贯穿于教学的全过程，激发学生学习的兴趣和好奇心。把教学目标转化、分解为学生任务的学习目标。 3. 案例分析法，采用例文介绍的方式，给出完成该写作文体的思路、流程和格式，引导学生思考该文体的写作思路，注意事项，提升写作素养。 4. 分组探究法，由学习组长组织进行任务扩展的探究，通过小组合作学习，进一步巩固知识，充分发挥学生自主学习能力，提高团队协作能力		
用途说明	应用文是现代社会人们在工作、学习、生活中经常用到的信息交流工作工具，因此每个人都应该掌握应用文写作的基本知识和技能。对于即将步入社会的中高职生来说，学校更应该注重对其进行这方面能力的培养和训练，以适应实际生活和工作的需要		
工单开发	闫安	**开发时间**	2023-06-01 15:33

实施人员信息

姓名		班级		学号		电话	
隶属组		组长		岗位分工		伙伴成员	

任务目标

知识目标

掌握产品说明书的相关基础知识。

能力目标

能够根据消费者需要,规范完成产品说明书的写作。

素质目标

1. 通过小组合作,提升学生团队合作互助意识。
2. 培养学生综合素质和应用文写作素养。

任务说明

任务背景

随着社会高速发展与科学技术的不断进步,商品的技术含量越来越高,许多商品的使用方法已远远地超出了人们的常识,当一个产品诞生后,让别人了解其使用方法最好的办法就是写一篇通俗易懂的产品说明书。因此,商家在关注产品质量的同时,必须充分认识到正确、规范地撰写产品说明书的重要性,以确保用户能够正确、安全地使用产品。

任务描述

经过两年的新产品试验,瑞德公司开发的新软件正式投产了,总经理曹丽影找来了市场部经理王皓,要求其拟写一份消费者易于理解和接受的产品说明书,并告知他下个月公司还将参加在上海举办的展示会。届时,在展示会现场向各代理商解说和推广新产品的任务也将交由市场部全权负责。王皓深知,这次展销会对公司尽快打开产品销路是一次难得的机会,于是,他一回到市场部就着手准备新产品推广事宜。

任务需求

通过产品说明书写作的学习，掌握产品说明书撰写的重难点，能够撰写一份符合产品特性的说明书。

基础知识

请同学自主学习基础知识内容，并提交学习笔记。主观作答（2 分）。

基础知识收集

天行健，君子以自强不息。

——《周易》

一、产品说明书的定义

产品说明书，又称商品说明书，是用来对产品的名称、性能、规格、构造、用途、使用和保养方法以及注意事项等作书面介绍的文书。产品说明书的主要作用是帮助和指导客户正确地认识商品、使用商品和保养商品，同时具有宣传商品和企业的作用。

二、产品说明书的特点

1. 说明性

产品说明书的作用，就是把与产品有关的信息告诉读者，主要以说明的方式介绍产品的特征、性能、作用、使用方法和注意事项等。

2. 客观性

在介绍、说明产品时，要本着实事求是、客观真实、对消费者负责的态度。尤其对产品的作用范围和使用效果，不能虚构、夸大，更不能掺杂个人好恶成分，以主观感情对其妄加褒贬。

3. 科学性

产品说明书是知识性文章，不论是介绍产品的性能与质量，还是说明产品的使用方法和注意事项，都应做到准确、科学。

三、产品说明书的种类

产品说明书的种类繁多，不同的标准有不同的分类。

（1）根据说明书用途的不同，产品说明书可分为产品特性说明书、产品使用说明书、产品安装说明书。

（2）根据表现形式的不同，产品说明书可分为条款式说明书、文字图表式说明书。

（3）根据传播方式的不同，产品说明书可分为直接印于包装纸上的外包装式说明书、装订成册随产品同时发出的内装式说明书。

（4）根据内容详略的不同，产品说明书可分为生产资料产品说明书、消费资料产品说明书，这两类之下，还可细分为民用产品说明书、专业产品说明书、技术说明书等。

例文赏析

××牌电磁炉

本厂生产的电磁炉，是根据我国国情、烹调习惯、消费者的特点和消费水平，在吸收了国内外各种品牌电磁炉优点的基础上，精心设计研制而成的。

【产品特点】

1. 经济省电：加热效率高于电炉、煤气、液化气，可达80%以上，烹调时炊具端离开炉面，即自动停止加热，省时省力省开支。

2. 安全卫生：无火、无烟、无尘、无气味，又无中毒、起火、灼伤的危险，可防止老人、儿童发生意外事故。

3. 功能齐全：集电饭煲、电热壶、电炒锅的功能于一身，蒸煮、煎炒、油炸、保温样样都行。

4. 使用方便：操作简单、一学就会。既易于移动使用，又易于清洁保养，温度可随意调节控制。

【使用方法】

1. 把功率调节开关向左移至“关”的位置，然后插上电源插头。

2. 将锅放在炉面的中央。

3. 将功率调节开关向右缓慢移至需要的位置，负载指示灯（绿色）和加热指示灯（红色）即显示负载和加热情况。

4. 需要保温时将功率调节钮拨至保温指示灯（黄色）亮，机器自动进入保温（85℃）状态。

5. 不得来回急速移动功率调节开关，以免造成损失。

6. 用毕，将功率的调节开关移至左端“关”的位置，然后切断电源。

【注意事项】

1. 放置位置应离开墙壁或其他物体 10 厘米以上，以保证进、排风口畅通。

2. 应单独使用 5 安以上的插座，不要与其他电器共用一个插座。

3. 不要将手表、磁带等物体放在炉面上，以免其因受磁场影响而损坏。

4. 不要直接加热密封的罐头之类的食品，以防加热后炸裂。

5. 不要把金属物体插入进、排风口拨弄，以防触电和损坏电磁炉。

6. 停止使用或清洁擦拭前应切断电源。对难擦的污垢，可用中性洗涤剂或肥皂水蘸湿抹布后擦拭，然后用干布擦干，不能用水直接清洗，以免水进入炉体内出现故障。

7. 使用的锅必须是导磁质的平底锅（直径 12~26 厘米），如铁锅、搪瓷烧锅、不锈钢锅等。非导磁质的容器，如陶瓷、铜、铝等制品不能导磁加热。

8. 发现故障后应切断电源，送维修站检查修理，不要自行拆开。

【产品保修】

1. 本产品在一年内发生自然故障（不含人为故障），凭保修单、发票到本厂指定地点免费保修。

2. 本厂的宗旨：三杰——杰出的设计、杰出的产品、杰出的服务。

愿您的厨房像客厅一样精美！

××市第五电子仪器厂、××电器开关厂联合生产

电话：××××××

厂址：××市××街××

评析 这是一份家用电器产品说明书。该产品说明书以商品名称做直接标题，正文部分用分条列项的方式详细介绍了产品特点、使用方法、注意事项、产品保修等内容，方便使用者按照说明书正确地操作并使用。正文的最后作出了信誉方面的承诺以增强消费者的信任感并给其留下深刻的印象。落款部分给消费者提供了有关购买的信息，内容详尽、无遗漏。该产品说明书格式规范，语言清晰、到位，体现了产品说明书的说明性、客观性、科学性的特点。

写作指南

产品说明书的结构和写作方法

产品说明书种类繁多,内容有繁有简,篇幅有长有短,格式与写法不尽相同。有的产品说明书强调功能和用途,有的产品说明书强调性能和特点、操作过程和维修保养,有的产品说明书强调规格和型号。比较简单的产品说明书类似一篇短文;复杂的产品说明书则要印制成册,图文并茂。不论是简单还是复杂,产品说明书的写法一般都包括标题、正文和附文三部分。

一、标题

产品说明书的标题的写法有以下几种。

1. 名称式标题

名称式标题是直接用商品名称做标题,如"健民咽喉片""西湖绸伞""六神特效沐浴露"等。

2. 标明文体的标题

标明文体的标题由"商品名称+文体"组成,如"荣事达洗衣机使用说明书"。

3. 散文式标题

散文式标题,如"微茶清醇享誉古今"等。如果是内容比较复杂、印制成册的产品说明书,标题则用彩色印制在封面上,并往往配有赞美文辞,如"全国著名商标——美菱阿里斯顿电冰箱说明书"。

二、正文

1. 正文的类别

产品说明书的正文根据说明对象、说明内容和难易程度的不同,分为概述式说明书、条款式说明书、表格式说明书、复合式说明书。

(1)概述式说明书,是用简明的文字,对产品的性能、成分、规格和用途等进行综合说明。这实际上是一篇重点突出、结构完整的短文,能给人明晰、完整的印象。

(2)条款式说明书,是分条列项地说明产品的性能、规格、用途等,有的还用小标题标明项目。这种条款式说明书,每一条款说明一项内容,具有文字简明、条理清楚、要点明确的特点。

(3)表格式说明书,是按表格逐项填写要说明的内容,也可以表格为主,加上适当的文字说明。

(4)复合式说明书,即上述几种产品说明书的综合。既有概述式的总体说明,又有条文式的分项说明;既可先总后分,也可先分后总;有的还适当插入图表,图文并茂。这种写法运用得比较普遍,不少高科技产品说明书均采用这种写法。

2. 正文的结构

产品说明书的正文一般包括开头、主体内容和结尾三个部分。

(1)开头。开头一般简要介绍产品的概况,如名称、产地、主要性能和特点等,也可介绍产品生产厂家的历史、规模、技术力量和产品声誉等,也有的写开头,落笔就写主体内容。

(2)主体内容。主体内容详细介绍产品的规格、构造、用途、使用与保养和注意事项等。

(3)结尾。结尾可指明产品的发展趋势,提醒消费者注意某些事项,也可用“欢迎选购”之类的话作结束语。

三、附文

附文是指附在正文后面的一些内容,如生产厂家名称、厂址、电话、传真、联系人和生产日期等,出口产品还要有中外文对照。

有些产品说明书是用于向用户全面详细地介绍产品,这类说明书的内容、结构比较复杂,装订成册,制作精美,图文并茂,多用于对科技含量较高的电子类产品和家电产品的说明,如电视机、冰箱、计算机、洗衣机等。这类复杂的产品说明书一般包括以下内容:一是封面,印有商品名称、实物图、商标、规格、型号以及“说明书”字样和生产厂家名称;二是目录,将说明书的全部条目编列在一起,以便用户查阅;三是前言,概述产品的设计目的,介绍产品的原理、性能、特点、使用范围等;四是正文,这是说明书的主要内容,产品的属性不同,内容也有所不同,主要是详细介绍产品的性能指标和主要技术参数、工作原理、使用方法、保养与维修以及附图等;五是封底,注明厂址、电话号码、传真号码等以便用户联系。

注意事项

(1)突出产品特点。产品说明书要能够突出所写产品的独特之处,使它有别于其他产品。

(2)说明要具体。产品说明书应起到指导消费的作用。如果介绍使用方法太简单,或不得要领,或把功效写得很笼统,不具体分明,则起不到应有的作用。

(3)突出重点。产品说明书,应把重要的、关键的内容告诉消费者,如果只是泛泛而谈,未能在关键、重点问题上多加说明,则同样起不到指导消费者的作用。

(4)语言要求准确、通俗、简明。因为消费者的知识水平不一,所以产品说明书的语言应尽可能通俗,在撰写产品使用说明书时,尽可能避免使用术语,以便不同层次的消费者理解使用产品说明书。同时,尽可能图文并茂,以便形象直观地说明产品。

产品说明书和广告的区别

产品说明书和广告都有宣传、告知的作用,都有吸引消费者、引导消费、提高知名度的功效,但它们也有区别,主要表现在以下方面。

(1)目的不同。产品说明书的目的是介绍产品知识;广告的目的主要是促进商品销售,推广经营理念。

(2)内容有别。产品说明书的内容一般比较全面具体,深入细致;广告的内容一般比较简明扼要,不拘一格。产品说明书注重科学性、实用性;广告突出艺术性、感染力。

(3)形式各异。产品说明书属于说明文体,叙述客观冷静,不事夸张渲染;广告是一种宣传形式,表现方法丰富多彩,讲究创意求新,经常显示出一定的主观色彩。

(4)操作不同。产品说明书的发送相对自由灵活,一般由企业独立撰写印刷,随商品赠送,往往是商品服务项目不可缺少的附件之一;广告一般需付费并通过一定的媒介形式直接或间接地介绍、推销商品或服务,参与者除广告主外,还需有广告经营者等,按《中华人民共和国广告法》的规定,二者还必须订立书面合同,有规范的运作要求。

情景训练

根据情景设定完成训练任务。主观作答(5 分)。

训练任务:要求各团队结合完达山股份有限公司的经营项目,为其婴儿奶粉产品撰写一份产品说明书。各团队在撰写说明书时,尽量避免因文字错误、专业术语艰涩难懂、产品说明与实际不符等各种问题而给消费者带来不便。此外,还须特别提醒各小组团队成员,在完成产品说明书撰写任务的同时,应站在消费者的角度,重新认识说明书的重要性,避免出现消费者在使用产品的过程中,因不看说明书或者不按说明书来使用产品而导致严重的后果。

实施要求:将班级学生分为四组,扮演公司领导,打分评比其他小组递交的产品说明书。得分高的产品说明书将被评为优秀作品并进行课堂展示,其作者将获得课程加分。

训练过程:了解产品说明书的基础知识→收集身边商品的产品说明书并进行对比、讨论→掌握产品说明书的撰写格式及写作要求→收集、分析、整理本公司产品的相关信息→撰写产品说明书→学生分组讨论评点并修改。

评价标准:本任务采用自评、互评、教师评价相结合的方式进行评价,具体评价分值占比:模块分值(5 分)= 30%(教师)+40%(小组)+30%(个人)。

(1)组内互评:四个小组扮演完达山公司领导对其他小组递交的产品说明书进行评价,从中挑选 4 份优秀的,其作者可加 2 分,其他学生可加 1 分。

(2)教师评价:老师对所有学生的说明书进行教师评价,最高可加 1.5 分。

(3)自我评价:每个学生针对自己撰写的说明书进行自我评价,最高可加 1.5 分。

扩展练习

分组指出下面产品说明书在语言、内容等方面的不足之处,由小组代表总结本组找出的错误,给找出错误最多并加以修改的小组加分。主观作答(3 分)。

××牌电热杯说明书

我厂电热杯生产历史悠久，式样新颖，美观大方，质量优良，安全可靠，经济惠，誉满全球，世界一流。该杯可煮沸各种食物，立等可取。特别适用于热牛奶、烧水、泡饭等。

一、本电热杯电源电压一般为 220V 交流，消耗电力 300W。

二、使用时首先插上电源插头，将电源线座一端插入杯子插座处，用完后先拔掉头，以免触电。

三、电热杯容量 1000g，灌得太满煮沸时会溢出杯外。

四、煮沸饮料倒出后，杯中应加入少量冷水（因杯底余热较高），否则会影响杯子寿命

五、不能随意打开底中加热部件，以免损坏。

六、自售出之日起，一年内如有损坏，本厂负责退换，或免费修理。但不包括因食用不当而造成的损坏。

七、本产品经中国家用电器工业标准化质量测试中心站鉴定合格。编号：92-1-HC-78

欢迎您提出宝贵意见，我们对提出好建议者实行抽奖。

我厂宗旨：质量第一用户至上销往全球永久服务本厂地址：中国云南昆明市××路××号

任务总结

主观作答（2 分）。

反思总结	收获感想

考核评价

评分项	分值	评分要求	得分
基础知识	2 分	自主学习，掌握产品说明书相关基础知识的要点。	
情景训练	5 分	独立完成产品说明的撰写，要求格式无错误，表述正确，符合产品特性	
拓展练习	3 分	分小组完成例文的点评，团队合作，组长积极作答，给找出错误点最多的小组加分	
任务总结	2 分	认真完成各环节，提升写作素养，填写任务总结	

注：教学视频可扫描二维码观看。

项目五 庆典礼仪

项目背景

项目导入

本项目以开展庆典礼仪为背景，采用情景教学的方法，学习公司在举办庆典礼仪中所需文体的写作，营造良好的活动氛围，达到良好的商务效果。

我国是文明古国，是礼仪之邦，人们的社会交往活动和思想感情的交流，有许多是通过一定的礼仪形式和一定的文化活动方式来进行的。礼仪文书就是人们在各种礼节中使用的文体。

当今社会已进入一个全面公共关系时代，人际交往日益频繁，邀约、祝贺、迎送、答谢等商务活动越来越多。学会写作此类相关的礼仪文书，可以营造良好的公共关系氛围，帮助我们在生活、事业中取得成功。

通过三年的打拼，曹丽影的公司终于在市场上占有一席之地，公司发展也进入了稳定期。经理吴海涛决定在公司成立三周年之际邀请各界朋友，以及经销商举办一次年会庆典活动。作为工会主席的李强在这次活动中需要使用哪些应用文体？

写作规则

本项目分为六个任务，包括撰写开幕词、欢迎词、闭幕词、祝词、邀请函、感谢信，具体的项目规划如下。

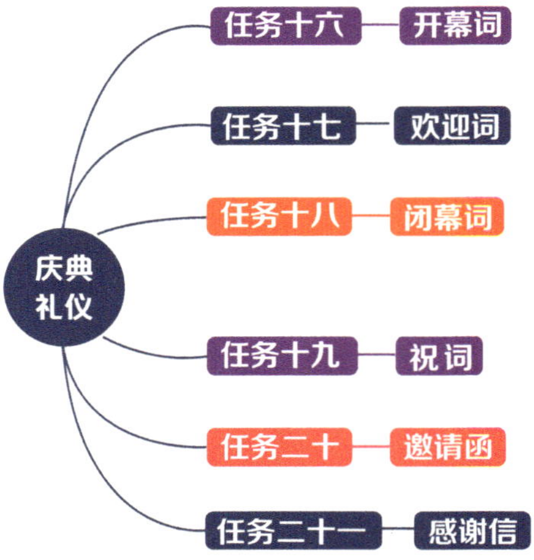

任务十六　开幕词

基础信息

工单编号	C2301111110573	**工单名称**	开幕词
工单类型	基础型工单	**面向专业**	各专业通用
工单大类	基础课程	**能力面向**	专业技术能力
职业岗位	全系列岗位		
实施方式	模拟实施	**考核方式**	演讲汇报
工单难度	较易	**前序工单**	
工单分值	12 分	**完成时限**	2 课时
工单来源	校内开发	**建议组数**	4 组
组内人数	10 人	**工单属性**	私有工单
版权归属	金楠	**附件资源**	1 个
考核点	掌握开幕词的基础知识、完成开幕词的撰写		
工单简介	本工单采用情景教学法，要求学生掌握开幕词的写作要点，能够撰写一份格式规范、表述恰当的开幕词		
设备环境	多媒体教室		
教学方法	1. 项目教学法，在深入参与项目活动的过程中掌握应用文相关知识与写作技巧，让学生主动参与、有目的地展开自主学习，变被动学习为主动学习。 2. 情景教学法，根据教学目标，准确把握教学重点、知识点，创设任务情境，任务情境贯穿于教学的全过程，激发学生学习的兴趣和好奇心。把教学目标转化、分解为学生任务的学习目标。 3. 案例分析法，采用例文介绍的方式，给出完成该写作文体的思路、流程和格式，引导学生思考该文体的写作思路，注意事项，提升写作素养。 4. 分组探究法，由学习组长组织进行任务扩展的探究，通过小组合作学习，进一步巩固知识，充分发挥学生自主学习能力，提高团队协作能力		
用途说明	应用文是现代社会人们在工作、学习、生活中经常用到的信息交流工作工具，因此每个人都应该掌握应用文写作的基本知识和技能。对于即将步入社会的中高职生来说，学校更应该注重对其进行这方面能力的培养和训练，以适应实际生活和工作的需要		
工单开发	金楠	**开发时间**	2023-06-01 15:33

实施人员信息

姓名		班级		学号		电话	
隶属组		组长		岗位分工		伙伴成员	

任务目标

知识目标

掌握开幕词的相关基础知识。

能力目标

能够根据工作需要,规范完成开幕词的写作。

素质目标

1. 通过小组合作,提升学生团队合作意识。
2. 培养学生综合素质和应用文写作素养。

任务说明

任务背景

开幕词是大会的序曲,在宣布会议开幕的同时,通常要说明这次会议的意义,阐明会议或活动的性质、宗旨、任务、要求和议程安排等。开幕词对引导会议或活动朝着既定的正确方向顺利进行、保证会议或活动的圆满成功,有着重要的意义。

任务描述

贾旭是××学校刚到中国国际商会上海分会实习的一名学生,此时中国国际贸易促进委员会上海分会决定召开“中国国际××展览会”,曹主任安排他撰写一份开幕词,这份开幕词该如何书写呢,都需要注意些什么?

任务需求

通过开幕词写作的学习,掌握开幕词撰写的重难点,能够撰写一份格式规范、表述恰当的开幕词。

基础知识

请同学自主学习基础知识内容,并提交学习笔记。主观作答(2 分)。

基础知识收集

学如逆水行舟，不进则退。

——《增广贤文》

一、开幕词的定义

开幕词是在重要的、有意义的大中型会议、聚会等活动开幕时的致辞，是在重要会议或重大活动开始时，为会议主持人或主要领导人讲话所用的文稿。开幕词的主要特点是宣告性和引导性。不论召开什么重要会议，或开展什么重要活动，按照惯例，一般都要由主持人或主要领导人致开幕词，这是一个必不可少的程序，标志着会议或活动的正式开始。

二、开幕词的种类

开幕词按内容可以分为侧重性开幕词和一般性开幕词两种。侧重性开幕词往往对会议召开的历史背景、重大意义或会议的中心议题等作重点阐述，对其他问题则一带而过。一般性开幕词则只对会议的目的、议程、基本精神、来宾等作简要概述。

例文赏析

在“中国国际××展览会”开幕式上的开幕词

女士们、先生们：

早上好！由新加坡××有限公司主办，中国××协会与我分会所属的上海市国际贸易信息和展览公司承办的“中国国际××展览会”今天在这里开幕了。我谨代表中国国际贸易促进委员会上海市分会、中国国际商会上海分会表示热烈祝贺！向前来上海参展的中外厂商表示热烈的欢迎！

本届展览会将集中展示具有国际水准的各类××产品及生产设备，为来自全国各地的科技人员提供一次难得的技术考察机会。同时，也为海内外同行共同切磋技艺创造了条件。

朋友们，同志们，上海是中国最重要的工业基地之一，也是中国的经济、金融、贸易、科技和信息中心之一。上海作为长江流域乃至全国对外开放的重要窗口，将实行全方位的对外开放。上海将进一步改善投资环境，扩大与各国各地区的合作领域。我真诚地欢迎各位展商到上海的开发区和浦东新区参观，寻求贸易和投资机会，寻找合作伙伴。作为上海市的对外商会——中国国际贸易促进会上海市分会将为各位朋友提供卓有成效的服务。

最后，预祝“中国国际××展览会”圆满成功！感谢大家！

××委员会

×年×月×日

评析 这是一份会议开幕词。先宣布会议开幕，向来宾表示欢迎之情；接着说明召开本次会议的意义、形式等情况；最后提出希望，表达祝福之意。内容简洁，用语热切，格式规范。

写作指南

开幕词的结构和写作方法

一、标题

常见的格式是“会议名称+开幕词”，如“××公司第八届秋季运动会开幕词”，或直接写文体“开幕词”即可。

二、称呼

第二行顶格写称呼。开幕词对称呼比较注意，应根据会议的性质和出席会议的人员来确定。如党代会称“同志们”，学生大会称“同学们”，多家单位参与会议称“女士们、先生们”等。

三、正文

正文包括开头、主体、结尾三部分。开头一般宣布会议开幕。主体是开幕词的核心部分，通常包括三项内容：一是阐明会议的重大意义，概括说明与会议有关的形势及会议的目的；二是阐明会议的指导思想、主要议程和安排；三是向与会者提出会议的要求。结尾部分主要提出会议任务、要求和希望。

四、结尾

结尾要简短、有力，并要有号召性和鼓励性。写法上常用“预祝大会圆满成功”之类的祝词。

五、落款

开幕词应写上主办单位和开会日期。

注意事项

(1)掌握会议的主题精神,全面了解会议的情况。

(2)结构紧凑,语言朴实、简练。

开幕词的特点

(1)简明性。开幕词要简洁明了、短小精悍,最忌长篇累牍,言不及义,多使用祈使句,表示祝贺和希望。

(2)宣告性。开幕词是会议或者活动的序曲,所以开幕词有宣告会议或活动正式开始的特性。

(3)引导性。开幕词一般要阐述会议或活动的宗旨、目的、意义、任务等,这对整个会议或活动的成功举行起着引导作用。

(4)鼓舞性。开幕词带着对活动或者会议的成功举办的良好祝愿,通过介绍会议或活动激励与会者的参与意识,调动其积极性。

情景训练

根据情景设定完成训练任务。主观作答(5 分)。

训练任务:××学院学生管理处要举办一场校园艺术节,学生处张老师安排学生会主席王亮写一篇校园艺术节文艺汇演的开幕词。请以王亮的身份手写一个开幕词,内容可以虚构,格式规范,表达清楚,用词得当。

实施要求:将班级学生分为四个小组,让每一组学生都能获得一次当学生会主席的体验,要求大家共同参与,每一小组至少写一份开幕词,凡得到其他小组认可的开幕词,将被评为优秀作品并进行课堂展示,其作者将获得课程加分。

训练过程:

(1)查阅相关资料,了解会议开幕式程序→根据活动主题撰写开幕词→提交开幕词初稿。

(2)其他学生共同分析开幕词初稿存在的不足和问题,共同加以完善→汇报提交开幕词终稿。

评价标准：本任务采用自评、互评、教师评价相结合的方式进行评价，具体评价分值占比：模块分值（5 分）= 30%（教师）+40%（小组）+30%（个人）。

（1）组内互评：四个小组进行互相评价，获选优秀的小组可加 2 分，其他小组可加 1 分。

（2）教师评价：老师对所有学生撰写的开幕词进行教师评价，最高可加 1.5 分。

（3）自我评价：每个学生针对自己撰写的开幕词进行自我评价，最高可加 1.5 分。

扩展练习

分组指出下面开幕词的不足之处，由小组代表总结本组找出的错误，给准确找出错误最多并加以修改的小组加分。主观作答（3 分）。

开幕词

大家好！

九月金秋，秋风送爽，静怡校园，书声朗朗。新学期，新气象，我们要开学了，从你们走入我们学校的校门开始，我们就要奋发学习，不辜负你们家长的嘱托，不能再像假期一样只顾着玩而不学习，我们要收收心，大家听明白了吗？我们要为了自己的人生目标而努力奋斗，大家要谨记。今天的开学典礼到此结束。

任务总结

主观作答(2 分)。

反思总结	收获感想

考核评价

评分项	分值	评分要求	得分
基础知识	2 分	要求自主学习,掌握开幕词相关基础知识的要点	
情景训练	5 分	完成一份格式规范、表述完美的开幕词	
拓展练习	3 分	分小组完成例文的点评,团队合作,组长积极作答,给找出错误点最多的小组加分	
任务总结	2 分	认真完成各环节,提升写作素养,填写任务总结	

注:教学视频可扫描二维码观看。

任务十七　欢迎词

基础信息

工单编号	C2301111110574	**工单名称**	欢迎词
工单类型	基础型工单	**面向专业**	各专业通用
工单大类	基础课程	**能力面向**	专业技术能力
职业岗位	全系列岗位		
实施方式	模拟实施	**考核方式**	演讲汇报
工单难度	较易	**前序工单**	
工单分值	12 分	**完成时限**	2 课时
工单来源	校内开发	**建议组数**	4 组
组内人数	10 人	**工单属性**	私有工单
版权归属	金楠	**附件资源**	1 个
考核点	掌握欢迎词的基础知识，完成欢迎词的撰写		
工单简介	本工单采用情景教学法，要求学生掌握欢迎词的写作要点，能够完成一份符合庆典场合的欢迎词		
设备环境	多媒体教室		
教学方法	1. 项目教学法，在深入参与项目活动的过程中掌握应用文相关知识与写作技巧，让学生主动参与、有目的地展开自主学习，变被动学习为主动学习。 2. 情景教学法，根据教学目标，准确把握教学重点、知识点，创设任务情境，任务情境贯穿于教学的全过程，激发学生学习的兴趣和好奇心。把教学目标转化、分解为学生任务的学习目标。 3. 案例分析法，采用例文介绍的方式，给出完成该写作文体的思路、流程和格式，引导学生思考该文体的写作思路，注意事项，提升写作素养。 4. 分组探究法，由学习组长组织进行任务扩展的探究，通过小组合作学习，进一步巩固知识，充分发挥学生自主学习能力，提高团队协作能力		
用途说明	应用文是现代社会人们在工作、学习、生活中经常用到的信息交流工作工具，因此每个人都应该掌握应用文写作的基本知识和技能。对于即将步入社会的中高职生来说，学校更应该注重对其进行这方面能力的培养和训练，以适应实际生活和工作的需要		
工单开发	金楠	**开发时间**	2023-06-01 15:34

实施人员信息

姓名		班级		学号		电话	
隶属组		组长		岗位分工		伙伴成员	

任务目标

知识目标

掌握欢迎词的相关基础知识。

能力目标

能够根据工作需要,规范完成礼仪文书中欢迎词的写作。

素质目标

1. 通过小组合作,提升学生团队合作意识。

2. 培养学生综合素质和应用文写作素养。

任务说明

任务背景

在市场经济深入发展的大背景下,为了提升形象、扩大影响、招商引资、促进发展,近年来各地纷纷举办各种内容和形式、不同规格和规模的节庆活动。按照惯例和程序,在节庆活动开幕式上,常常要由一位东道主方面的要员向来宾敬致一篇热情洋溢的欢迎词。那么,撰写一篇合乎规范的节庆活动欢迎词自然就是活动筹备过程中一项不可忽视的细节工作了。

任务描述

薛贵是×××厂的总经理,今天是×××厂建厂 30 周年的日子,各个合作伙伴都来到现场贺喜,薛贵作为总经理安排了一个厂庆活动,在活动开始致一个欢迎词,表达对活动来宾的欢迎。

任务需求

通过欢迎词写作的学习,掌握欢迎词撰写的重难点,能够撰写一份符合庆典场合的欢迎词。

基础知识

请同学自主学习基础知识内容,并提交学习笔记。主观作答(2 分)。

基础知识收集

夫不学而求知,犹愿鱼而无网焉。

——葛洪

一、欢迎词的定义

欢迎词是指本单位在对外交往的正式场合中,主人为迎接宾客的到来所发表的热情友好的讲话文稿。欢迎词适用的礼仪场合多种多样,既有隆重的欢迎大会、酒会、宴会、记者招待会等,也有一般的座谈会、展销会、订货会等。

二、欢迎词的分类

欢迎词从表达方式上分为以下几类。

(1)现场演讲欢迎词:一般是欢迎人在被欢迎人到达时在欢迎现场口头发表的欢迎词。

(2)报刊发表欢迎词:发表在报刊或公开发行刊物之上的欢迎词。它一般在客人到达前后发表。

欢迎词从社交的公关性质上分为以下几类。

(1)私人交往欢迎词:一般是在个人举行较大型的宴会、聚会、茶会、舞会、讨论会等非官方的场合下使用的欢迎词。通常要在正式活动开始前进行。私人交往欢迎词往往具有很大的即时性、现场性。

(2)公事往来欢迎词:一般在较庄重的公共事务场合中使用的欢迎词。要有事先准备好的得体的书面稿,文字措辞上的要求较私人交往欢迎词要正式、严格。

三、欢迎词的主要特点

1. 欢愉性

中国有句古话"有朋自远方来,不亦乐乎",所以致欢迎词当有一种愉快的心情,言词用语务必富有激情和表现出致词人的真诚。只有这样才可给客人一种"宾至如归"的感觉,为下一步各种活动的圆满举行打下好的基础。

2. 口语性

欢迎词本意是现场当面向宾客口头表达的，所以口语化是欢迎词文字上的必然要求，在遣词造句上要运用生活化的语言，既简洁又富有生活的情趣，还可以拉近主人同来宾的亲切关系。

例文赏析

欢迎词

女士们、先生们：

值此×××厂30周年厂庆之际，请允许我代表×××厂向远道而来的贵宾们表示热烈的欢迎。

朋友们不顾路途遥远专程前来贺喜并洽谈贸易合作事宜，为我厂30周年厂庆更添了一份热烈和祥和之气，我由衷地感到高兴，并对朋友们为增进双方友好关系作出的努力，表示诚挚的谢意！今天在座的各位来宾中，有许多是我们的老朋友，我们之间有着良好的合作关系。我厂建厂30年能取得今天的成绩离不开老朋友们的真诚合作和大力支持。对此，我们表示由衷的感谢！同时，我们也为能有幸结识来自全国各地的新朋友而感到十分高兴。在此，我再次向新朋友们表示热烈欢迎，并希望能与新朋友们密切协作，发展相互间的友好合作关系。

“有朋自远方来，不亦乐乎。”在此新朋老友相会之际，我提议：为今后我们之间的进一步合作，为我们之间日益增进的友谊，为朋友们的健康幸福，干杯！

致辞人：×××

2021年11月18日

评析 这是一篇周年厂庆的欢迎词，表达了对参加厂庆活动来宾的欢迎并对来宾表达了真挚的谢意和良好的祝愿，希望大家共同努力，共创辉煌。全文语言简洁，格式规范。

写作指南

欢迎词的结构和写作方法

一、标题

标题写法一般有两种。一是单独以文体命名。如“欢迎词”。另一种是由活动内容和文体名共同构成。如“在××学术讨论会上的欢迎词”。

二、称呼

称呼要求写在开头顶格处。要写明来宾的姓名称呼。

三、正文

欢迎词的正文一般可有开头、中段和结尾三部分构成。

开头：通常应说明现场举行的是何种仪式的庆典，发言者代表什么人向哪些来宾表示欢迎。

中段：欢迎词在这一部分一般要阐述和回顾宾主双方在共同的领域所持的共同的立场、观点、目标、原则等内容，较具体地介绍来宾在各方面的成就及在某方面作出的突出贡献，同时要指出来宾本次到访或光临对增加宾主友谊及合作交流所具有的现实意义和历史意义。

结尾：通常在结尾处再次向来宾表示欢迎，并表达自己对今后合作的良好祝愿。

四、落款

欢迎词的落款要署上致词单位名称、致词者身份、姓名，并署上成文日期。

注意事项

欢迎词是出于礼仪的需要而使用的，因此用语要十分礼貌。具体而言，要注意以下几点。

（1）礼貌：称呼要用尊称，感情要真挚，要能较得体地表达自己的原则立场。

（2）谨慎：措辞要慎重，勿信口开河，同时要注意尊重对方的风俗习惯，应避开对方的忌讳，以免发生误会。

（3）热情：语言要精确、热情、友好、温和、礼貌。

（4）精练：篇幅短小，言简意赅。一般的欢迎词都是一种礼节性的外交或公关辞令，宜短小精悍，不必长篇大论。

写作技巧

（1）开头欢迎：开头表示欢迎。这是节庆活动正文的开头部分，一般要用简洁的文字交代欢迎词的背景，即什么活动开幕了，然后用热情的话语对来宾表示欢迎，也可以向来宾或者有关方面（人士）兼表祝愿或者感谢。

（2）中间表达：阐释意义。为什么要举办节庆活动，目的何在，意义何在，这是节庆活动欢迎词中一般应当予以交代的。

（3）凝练话题：展示优势，也可以说树立形象。这是节庆活动欢迎词的亘心所在。当下利益重要，长远利益更重要。

（4）总结致辞：表达祝愿。这是节庆活动欢迎词正文的结尾部分，一般月简洁的句子祝愿活动圆满成功，或祝愿来宾生活愉快，并另起段落以“谢谢大家！”“谢谢各位！”这样的礼仪结语结束全文。

情景训练

根据情景设定完成训练任务。主观作答（5分）。

训练任务： 刘鑫是××学院的学生会秘书长，随着新学期的到来，校学生会准备召开一次新同学欢迎会，请你为刘鑫代写一份欢迎词。

实施要求： 将班级学生分为四个小组，为了让每组学生都能获得一次撰写欢迎词的体验，要求大家共同参与，每一小组都至少写一份欢迎词，凡得到其他小组认可的欢迎词将被评为优秀作品并进行课堂展示，其作者将获得课程加分。

训练过程：

（1）收集整理欢迎词的所有基础知识→归纳整理欢迎词的写作知识→撰写欢迎词→提交欢迎词。

（2）学习借鉴其他小组所写的欢迎词→对各小组撰写的欢迎词进行评价→评选出写得最好的一份欢迎词。

评价标准： 本任务采用自评、互评、教师评价相结合的方式进行评价，具体评价分值占比：模块分值（5分）= 30%（教师）+40%（小组）+30%（个人）。

（1）组内互评：四个小组进行互相评价，获选优秀的小组可加2分，其他小组可加1分。

（2）教师评价：老师对所有学生撰写的欢迎词进行教师评价，最高可加1.5分。

（3）自我评价：每个学生针对自己撰写的欢迎词进行自我评价，最高可加1.5分。

扩展练习

分组指出下面欢迎词的不足之处，由小组代表总结本组找出的错误，给准确找出错误最多并加以修改的小组加分。主观作答(3分)。

欢迎词

亲爱的新同学：

一路艰辛跋涉，一路满怀希望。在这个秋风送爽、丹桂飘香的美好季节，你们怀着新的喜悦、揣着新的憧憬、带来新的追求，走进了宁静和谐的大学校园。在此，院学生会谨代表学院学生对同学们的到来表示衷心的祝贺和热烈的欢迎！

今天，你们可算步入大学校园了，这可是人生道路的一次重大跨越！十多年的寒窗苦读终于有了第一份沉甸甸的收获。大学生活将是你人生中的一个崭新的起点，一个飞跃的起点，一个翱翔的起点。进入大学后，尽管我们进入到了大学学习阶段，我们也不能高枕无忧，也不能有半点懈怠，也不能蹉跎人生。“博观约取，勤勉奋进。”以奋斗迎接光明，用微笑对待生活，在生活中学习微笑，在微笑中学习生活，让欢笑声时时充满我们的校园，我们的生活！

今天你们是桃李芬芳，明天可能是国家栋梁。让我们肩并肩，手拉手，共同学习，共同生活，共同用青春书写未来！“雄关漫道真如铁，而今迈步从头越”！同学，拼搏吧！奋斗吧！美好的明天正等待你去描绘，似锦的前程正期盼着你去开创！

致辞人：×××

2023年8月28日

任务总结

主观作答(2 分)。

反思总结	收获感想

考核评价

评分项	分值	评分要求	得分
基础知识	2 分	要求自主学习,掌握欢迎词相关基础知识的要点	
情景训练	5 分	能够撰写一份符合庆典活动的欢迎词,要求格式无错误,表述正确	
拓展练习	3 分	分小组完成例文的点评,团队合作,组长积极作答,给找出错误点最多的小组加分	
任务总结	2 分	认真完成各环节,提升写作素养,填写任务总结	

注:教学视频可扫描二维码观看。

任务十八　闭幕词

基础信息

工单编号	C2301111110575	工单名称	闭幕词
工单类型	基础型工单	面向专业	各专业通用
工单大类	基础课程	能力面向	专业技术能力
职业岗位	全系列岗位		
实施方式	模拟实施	考核方式	演讲汇报
工单难度	较易	前序工单	
工单分值	12 分	完成时限	2 课时
工单来源	校内开发	建议组数	4 组
组内人数	10 人	工单属性	私有工单
版权归属	金楠	附件资源	0 个
考核点	掌握闭幕词的基础知识，完成闭幕词的撰写		
工单简介	本工单采用情景教学法，要求学生掌握闭幕词的写作要点，能够撰写一份符场合的闭幕词		
设备环境	多媒体教室		
教学方法	1. 项目教学法，在深入参与项目活动的过程中掌握应用文相关知识与写作技巧，让学生主动参与、有目的地展开自主学习，变被动学习为主动学习。 2. 情景教学法，根据教学目标，准确把握教学重点、知识点，创设任务情境，任务情境贯穿于教学的全过程，激发学生学习的兴趣和好奇心。把教学目标转化、分解为学生任务的学习目标。 3. 案例分析法，采用例文介绍的方式，给出完成该写作文体的思路、流程和格式，引导学生思考该文体的写作思路，注意事项，提升写作素养。 4. 分组探究法，由学习组长组织进行任务扩展的探究，通过小组合作学习，进一步巩固知识，充分发挥学生自主学习能力，提高团队协作能力		
用途说明	应用文是现代社会人们在工作、学习、生活中经常用到的信息交流工作工具，因此每个人都应该掌握应用文写作的基本知识和技能。对于即将步入社会的中高职生来说，学校更应该注重对其进行这方面能力的培养和训练，以适应实际生活和工作的需要		
工单开发	金楠	开发时间	2023-06-01 15:35

实施人员信息

姓名		班级		学号		电话	
隶属组		组长		岗位分工		伙伴成员	

任务目标

知识目标

掌握闭幕词的相关基础知识。

能力目标

能够根据工作需要,规范完成闭幕词类文书的写作。

素质目标

1. 通过小组合作,提升学生团队合作意识。
2. 培养学生综合素质和应用文写作素养。

任务说明

任务背景

闭幕词是一些大型活动或会议结束时由有关领导人或德高望重者向参与活动或会议的所有人员所作的讲话。具有总结性、评估性和号召性。

任务描述

××中学×年秋季田径运动会经过两天的激烈比拼就要落下帷幕了,王明是学校体育部部长,老师要求王明撰写一份秋季田径运动会的闭幕词,闭幕词应该如何书写呢,都需要注意些什么?

任务需求

通过闭幕词写作的学习,掌握闭幕词撰写的重难点,能够撰写一份符合场合的闭幕词。

基础知识

请同学自主学习基础知识内容,并提交学习笔记。主观作答(2 分)。

基础知识收集

盛年不重来,一日难再晨。

——陶渊明

一、闭幕词的定义

闭幕词,是会议的主要领导人代表会议举办单位,在会议闭幕时的讲话。其内容一般是概述会议所完成的任务,对会议的成果作出评价,对会议的经验进行总结,对贯彻会议精神提出要求和希望。

二、闭幕词的特点

1. 总结性

闭幕词是在会议或活动的闭幕式上使用的文体,要对会议内容、会议精神和会议进程进行简要的总结并作出恰当评价,肯定会议的重要成果,强调会议的主要意义和深远影响。

2. 概括性

闭幕词应对会议进展情况、完成的议题、取得的成果、提出的会议精神及会议意义等进行高度的语言概括。因此,闭幕词的篇幅一般都短小精悍,语言简洁明了。

3. 号召性

为激励参加会议的全体成员为实现会议提出的各项任务而奋斗,增强与会人员贯彻会议精神的决心和信心,闭幕词的行文要充满热情,语言坚定有力,富有号召性和鼓舞性。

4. 口语化

闭幕词要适当进行口头表达,写作时语言要求通俗易懂、生动活泼。

例文赏析

运动会闭幕词

各位裁判员、教练员、运动员,各位来宾,老师们、同学们:

××中学×年秋季田径运动会,在组委会的精心组织下,经过全体工作人员的辛勤工作和全体运动员的奋力拼搏,取得了圆满的成功。这充分体现了运动会组委会的高度重视和全校师生员工积极配合、团结协作的集体主义精神。在此，我代表学校，向为这次运动会作出了不懈努力的全校师生表示深深的谢意！向取得优异成绩的运动员和获奖的班级表示衷心的祝贺！

整个运动会准备充分，组织周密，纪律严明，秩序井然，充分体现了“团结、拼搏、创新、和谐”的主题，达到了激情与和谐的统一，赛出了风格，赛出了友谊，赛出了水平。这是一次团结的盛会，友谊的盛会，创新的盛会。

运动会期间，裁判员坚持原则，公正裁判；工作人员恪尽职守，认真负责；教练员精心策划，科学指导；运动员顽强拼搏，奋勇争先，取得了辉煌的战果。这些成绩是全体教练员、运动员辛勤汗水的结晶。这次运动会的圆满成功，为弘扬体育精神作出了积极的贡献。

激情点燃梦想，奋进铸就辉煌。在今后的征途上，我们肩负的历史使命更光荣而神圣，面临的任务更艰巨。让我们以这次运动会为新的起点，以科学发展观为指导，团结拼搏、奋力争先，以创新为目标，迎着朝阳创一流业绩，昂首阔步迈向更加辉煌的明天！

最后，再次向取得优异成绩的同学和班级表示祝贺！向为举办本次运动会辛勤工作的老师表示敬意！向所有热爱运动、积极参与的教师和同学们表示感谢！老师们、同学们，祝愿大家永葆年轻之心，健康快乐！

祝各位领导、各位来宾、全体教练员、裁判员、运动员工作顺利，身体健康，万事如意！

×××

×年×月×日

评析 这是一份运动会的闭幕词。首先，对参与运动会的所有人员进行感谢，对运动会的圆满召开表示祝贺；其次，对本次运动会取得的成绩进行总结和举办本次运动会的意义进行阐述；最后表达对所有人的祝福之情。内容简洁，用语热切，格式规范。

写作指南

闭幕词的结构和写作方法

一、标题

与开幕词相似，常见的格式是“会议名称+闭幕词”，如“××公司第八届秋季运动会闭幕词”,或直接写文体“闭幕词”即可。同一会议的闭幕词与开幕词标题一般要相对应。

二、称呼

与开幕词称呼一致,根据会议性质及与会者的身份来确定。

三、正文

正文包括开头、主体、结尾三部分。开头一般用简洁的文字说明会议在何种情况下(如各级领导的关怀、与会成员的努力等)圆满结束或胜利闭幕。主体部分包括两项内容:一是总结会议所完成的任务,肯定会议的成果;二是提出贯彻会议决议及会议精神的指导意义。结尾部分主要是宣布会议结束,常用“现在,我宣布大会胜利闭幕!”作为结束语。有时也可省略结语,以求简洁。

四、落款

包括署名和日期。

注意事项

(1)闭幕词要围绕会议的中心议题,概括出会议所达成的共识和会议精神的实质要义。

(2)闭幕词篇幅短小,语言简洁,既要有概括性,又要有感染力。

情景训练

根据情景设定完成训练任务。主观作答(5分)。

训练任务:××学院学生管理处刚举办完校园艺术节,学生处李老师要求张博撰写一篇校园艺术节文艺汇演的闭幕词。请你以张博的身份撰写一份闭幕词,要求格式规范,表达清楚,用词得当。

实施要求:将班级学生分为四个小组,要求大家共同参与,每一小组都至少写一份闭幕词,凡得到其他小组认可的闭幕词将被评为优秀作品并进行课堂展示,其作者将获得课程加分。

训练过程:

(1)收集整理闭幕词的所有基础知识→归纳整理闭幕词的写作知识→撰写闭幕词→提交闭幕词。

（2）学习借鉴其他小组所写的闭幕词→对各小组撰写的闭幕词进行评价→评选出写得最好的一份闭幕词。

评价标准：本任务采用自评、互评、教师评价相结合的方式开展评价，具体评价分值占比：模块分值（5分）= 30%（教师）+40%（小组）+30%（个人）。

（1）组内互评：四个小组进行互相评价，获选优秀的小组可加2分，其他小组可加1分。

（2）教师评价：老师对所有学生撰写的闭幕词进行教师评价，最高可加1.5分。

（3）自我评价：每个学生针对自己撰写的闭幕词进行自我评价，最高可加1.5分。

扩展练习

分组指出下面学校技能节闭幕词的不足之处，由小组代表总结本组找出的错误，给准确找出错误最多并加以修改的小组加分。主观作答（3分）。

闭幕词

各位大家好！

经过一天的比赛终于落下了帷幕，在各个专业的大力支持下，在所有选手的积极参与下，本次技能节取得圆满成功，××团队的××项目给我留下了很深的印象，他们坚持到了最后终于完成了项目。在这里，我向获得殊荣的竞赛团队能手表示热烈的祝贺！此次大赛我们要高度重视，期待我们的下一届技能节吧。

谢谢大家！

任务总结

主观作答(2 分)。

反思总结	收获感想

考核评价

评分项	分值	评分要求	得分
基础知识	2 分	要求自主学习,掌握闭幕词相关基础知识的要点	
情景训练	5 分	能够撰写一份符合场合要求的闭幕词,要求格式无错误,表述正确	
拓展练习	3 分	分小组完成例文的点评,团队合作,组长积极作答,给找出错误点最多的小组加分	
任务总结	2 分	认真完成各环节,提升写作素养,填写任务总结表	

任务十九　祝　词

基础信息

工单编号	C2301111110576	工单名称	任务十九：祝词
工单类型	基础型工单	面向专业	各专业通用
工单大类	基础课程	能力面向	专业技术能力
职业岗位	全系列岗位		
实施方式	模拟实施	考核方式	演讲汇报
工单难度	较易	前序工单	
工单分值	12 分	完成时限	2 课时
工单来源	校内开发	建议组数	4 组
组内人数	10 人	工单属性	私有工单
版权归属	金楠	附件资源	0 个
考核点	掌握祝词的基础知识，完成祝词的撰写		
工单简介	本工单采用情景教学法，要求学生掌握祝词的写作要点，能够撰写一份符合场合的祝词		
设备环境	多媒体教室		
教学方法	1. 项目教学法，在深入参与项目活动的过程中掌握应用文相关知识与写作技巧，让学生主动参与、有目的地展开自主学习，变被动学习为主动学习。 2. 情景教学法，根据教学目标，准确把握教学重点、知识点，创设任务情境，任务情境贯穿于教学的全过程，激发学生学习的兴趣和好奇心。把教学目标转化、分解为学生任务的学习目标。 3. 案例分析法，采用例文介绍的方式，给出完成该写作文体的思路、流程和格式，引导学生思考该文体的写作思路，注意事项，提升写作素养。 4. 分组探究法，由学习组长组织进行任务扩展的探究，通过小组合作学习，进一步巩固知识，充分发挥学生自主学习能力，提高团队协作能力		
用途说明	应用文是现代社会人们在工作、学习、生活中经常用到的信息交流工作工具，因此每个人都应该掌握应用文写作的基本知识和技能。对于即将步入社会的中高职生来说，学校更应该注重对其进行这方面能力的培养和训练，以适应实际生活和工作的需要		
工单开发	金楠	开发时间	2023-06-01 15:36

实施人员信息

姓名		班级		学号		电话	
隶属组		组长		岗位分工		伙伴成员	

任务目标

知识目标

掌握祝词的相关基础知识。

能力目标

能够根据礼仪需要，规范完成祝词的写作。

素质目标

1. 通过小组合作，提升学生团队合作意识。
2. 培养学生综合素质和应用文写作素养。

任务说明

任务背景

祝词通常在一些重要的宴会上运用，有欢迎宾客之意，对推动庆典活动朝着既定的正确方向顺利进行，有着重要的意义。

任务描述

刘刚是××城市发展办公室的一名秘书，中国国际××展览会将要在今天开幕，领导安排刘刚写一份祝词以表达对各位来宾的重视。

任务需求

通过祝词写作的学习，掌握祝词撰写的重难点，能够撰写一份符合场合要求的祝词。

基础知识

请同学自主学习基础知识内容，并提交学习笔记。主观作答(2分)。

基础知识收集

博学之患，莫大于自足而止。

——黄宗羲

一、祝词的定义

祝词是在酒席宴会的开始，主人表示热烈欢迎、亲切问候、诚挚感谢，客人进行答谢并表示衷心的祝愿的应酬之辞，是一种招待宾客的礼仪形式。祝词的内容以叙述友谊为主，一般篇幅短小、文辞庄重、热情、得体、大方，是很流行的一种演讲文体。

二、祝词的种类

祝词可以分为简约型祝词和书面型祝词两种。简约型多用一两句精粹的词语，把自己最美好的祝愿表达出来，有时也可以引用诗句或名言来表达自己的心意。书面型的全文由标题、称呼、正文和祝愿语等几部分构成，标题可以直接写为“祝词”等，也可以由讲话者姓名、会议名称和文体构成，如“×××在××会上的祝词”“×××在××宴会上的讲话”等。

三、祝词的特点

(1)祝词的主要特点是祝愿性。祝愿事情的成功或祝愿美好。

(2)祝词因其场合比较隆重或热闹，不宜太长，语言要简洁而有吸引力。

例文赏析

祝　词

女士们、先生们：

晚上好！“中国国际××展览会”今天开幕了。今晚，很高兴同各界朋友欢聚一堂。我谨代表中国国际贸易促进委员会××市分会，对各位朋友光临我们的招待会，表示热烈欢迎！

“中国国际××展览会”自上午开幕以来，已引起了我市及外地科技人员的浓厚兴趣。这次展览会在上海举行，为来自全国各地的科技人员提供了经济技术交流的好机会。我相信，展览会在推动这一领域的技术进步以及经济贸易的发展方面将起到积极作用。

今晚，各国朋友欢聚一堂，我希望中外同行广交朋友，寻求合作，共同度过一个愉快的夜晚。

最后，请大家举杯，为“中国国际××展览会”的圆满成功，为朋友们的健康，干杯！

评析 这是一份展览会宴席祝词。先宣布展览会开幕,向来宾表示欢迎之情;接着说明召开本次展览会的意义、形式等情况;最后表达祝福之意、共同举杯。内容简洁,用语热切,格式规范。

写作指南

祝词的结构和写作方法

一、标题

标题可以直接写为“祝词”等,也可以由讲话者姓名、会议名称和文体构成,如“×××在××会上的祝词”“×××在××宴会上的讲话”等。

二、称呼

称呼一般用泛称,可以根据到会者的身份来定,如“各位女士、各位先生:”“朋友们”“同志们”等。为了表示热情和亲切、友好之意,前面可以加修饰语“亲爱的”“尊敬的”“尊贵的”等。

三、正文

正文一般是致词人(或代表谁)在什么情况下,向出席者表示欢迎、感谢和问候;谈成绩、作用、意义;展望未来,联系面临的任务、使命。篇幅简短,语言口语化,态度热情。

四、结尾

结尾常用“请允许我,为谁或为什么而干杯”。

注意事项

(1)掌握宴会的主题精神,全面了解宴会的情况。

(2)语言简练、热情、得体、有感召力。

写作技巧

(1)写祝词应了解被祝贺的对象,掌握情况。祝词要切合实际,言之有物。

(2)祝词是为向对方表示祝贺,用词应该热情、友好、感情真挚。

(3)祝词的篇幅要简短,切忌大而全的长文。

情景训练

根据情景设定完成训练任务。主观作答(5分)。

训练任务:今天是父亲节,语文老师安排学生每人写一份祝词。祝词适用场合为家庭聚会,内容可以虚构,格式规范,表达清楚,用词得当。

实施要求:将班级学生分为四个小组,要求大家共同参与,每一小组都至少写3份完整的祝词,凡得到其他小组认可的祝词将被评为优秀作品并进行课堂展示,其作者将获得课程加分。

训练过程:

(1)归纳整理祝词的写作知识→根据宴会活动主题撰写祝词→提交祝词。

(2)各小组互评各组撰写的祝词→评选出写得最好的一份祝词。

评价标准:本任务采用自评、互评、教师评价相结合的方式开展评价,具体评价分值占比:模块分值(5分)=30%(教师)+40%(小组)+30%(个人)。

(1)组内互评:四个小组进行互相评价,获选优秀的小组可加2分,其他小组可加1分。

(2)教师评价:老师对所有学生撰写的祝词进行教师评价,最高可加1.5分。

(3)自我评价:每个学生针对自己撰写的祝词进行自我评价,最高可加1.5分。

扩展练习

分组指出下面的祝词的不足之处,由小组代表总结本组找出的错误,给准确找出错误最多并加以修改的小组加分。主观作答(3 分)。

祝词

大家晚上好!

大家好!今天是个值得纪念的日子,是一年一度的父亲节!我们在这里聚会,为我们的父亲、母亲祝福,祝爸爸妈妈幸福安康。福寿无边!

母爱深似海,父爱重如山。据说,选定 6 月过节是因为阳光是一年中最炙热的,象征父亲给与子女的那火热的爱,父爱如山,高大而巍峨;父爱如天,粗狂而深远;父爱是深邃的、伟大的、纯洁而不求回报的。父亲像是一棵树,总是不言不语,却让他枝叶繁茂的坚实臂膀为树下的我们遮风挡雨、制造阴凉。

不知不觉我已经长大,而树却渐渐老去,甚至新发的树叶都不再充满生机。每年 6 月份的第三个星期日是父亲的节日,让我由衷的说一声“爸爸,我爱你!”

每一个父亲节,我都想祝您永远保留年轻时的激情,年轻时的斗志!那么,即使您白发日渐满额,步履日渐蹒跚,我也会拥有一个永远年轻的父亲!

让我们共同举杯。为父亲、母亲健康长寿、身体健康,干杯!

2023 年 6 月 20 日

任务总结

主观作答(2 分)。

反思总结	收获感想

考核评价

评分项	分值	评分要求	得分
基础知识	2 分	要求自主学习，掌握祝词相关基础知识的要点	
情景训练	5 分	独立完成祝词的撰写，要求格式无错误，表述正确	
拓展练习	3 分	分小组完成例文的点评，团队合作，组长积极作答，给找出错误点最多的小组加分	
任务总结	2 分	认真完成各环节，提升写作素养，填写任务总结	

任务二十　邀请函

基础信息

工单编号	C2301111110577	**工单名称**	邀请函
工单类型	基础型工单	**面向专业**	各专业通用
工单大类	基础课程	**能力面向**	专业技术能力
职业岗位	全系列岗位		
实施方式	模拟实施	**考核方式**	演讲汇报
工单难度	较易	**前序工单**	
工单分值	12 分	**完成时限**	2 课时
工单来源	校内开发	**建议组数**	4 组
组内人数	10 人	**工单属性**	私有工单
版权归属	金楠	**附件资源**	1 个
考核点	掌握邀请函的基础知识,完成邀请函的撰写		
工单简介	本工单采用情景教学法,要求学生掌握邀请函的写作要点,能够撰写一份礼貌得体的邀请函		
设备环境	多媒体教室		
教学方法	1. 项目教学法,在深入参与项目活动的过程中掌握应用文相关知识与写作技巧,让学生主动参与、有目的地展开自主学习,变被动学习为主动学习。 2. 情景教学法,根据教学目标,准确把握教学重点、知识点,创设任务情境,任务情境贯穿于教学的全过程,激发学生学习的兴趣和好奇心。把教学目标转化、分解为学生任务的学习目标。 3. 案例分析法,采用例文介绍的方式,给出完成该写作文体的思路、流程和格式,引导学生思考该文体的写作思路,注意事项,提升写作素养。 4. 分组探究法,由学习组长组织进行任务扩展的探究,通过小组合作学习,进一步巩固知识,充分发挥学生自主学习能力,提高团队协作能力		
用途说明	应用文是现代社会人们在工作、学习、生活中经常用到的信息交流工作工具,因此每个人都应该掌握应用文写作的基本知识和技能。对于即将步入社会的中高职生来说,学校更应该注重对其进行这方面能力的培养和训练,以适应实际生活和工作的需要		
工单开发	金楠	**开发时间**	2023-06-01 15:37

实施人员信息

姓名		班级		学号		电话	
隶属组		组长		岗位分工		伙伴成员	

任务目标

知识目标

掌握邀请函的相关基础知识。

能力目标

能够根据工作需要,规范完成邀请函的写作。

素质目标

1. 通过小组合作,提升学生团队合作意识。
2. 培养学生综合素质和应用文写作素养。

任务说明

任务背景

当我们毕业进入工作岗位后,会面临不同的工作和事情,有时候需要主动邀请其他单位或个人来参加我们举办的活动,要想更好的完成这项工作,就必须清楚地知道如何撰写一份合格的邀请函。

任务描述

李东是一家公司的市场拓展部经理。近期李东的公司将举办一个年会活动,现在需要他拟写邀请函交给各个部门经理,由他们来发给一些合作单位。

任务需求

通过邀请函写作的学习,掌握邀请函撰写的重难点,能够撰写一份礼貌得体的邀请函。

基础知识

请同学自主学习基础知识内容,并提交学习笔记。主观作答(2 分)。

基础知识收集

博观而约取，厚积而薄发。

——苏轼

一、邀请函的定义

邀请函是一种专用书信，它是各类组织、单位或者个人用于邀请特定的人士前往某地参加某项活动或事件，或邀请亲朋好友或知名人士、专家等参加某项活动时所发出的请约性书信。它是现实生活中常用的一种应用写作文体。

二、邀请函的特点

1. 告知性

无论是邀请对方参加会议还是其他活动，邀请函首先起到了告知作用。

2. 邀约性

在体现告知性的基础上，邀请函更为重要的作用在于体现对被邀请方诚挚的邀请；同时，还具有一定的约定性，虽然这种约定性不像行政公文那样具有命令色彩，但是也要求被邀请人给予回应，以便邀请方做好会议或活动的具体准备工作。

3. 礼仪性

邀请函属于礼仪文书的一种，从内容到形式均具有鲜明的礼仪性特点。

三、邀请函的分类

邀请函按照性质来分，可分为商务邀请函和社交邀请函两种；按照内容和用途来分，可分为会议邀请函、开业（幕）邀请函等。

例文赏析

邀请函

尊敬的____________：

您好！

单位将于______年______月______日在________地，举办__________活动，特

邀您参加，谢谢。

_________单位

____年____月____日

邀请函

尊敬的××先生/女士：

过往的一年，我们用心搭建平台，您是我们关注和支持的财富主角。

新年即将来临，我们倾情实现网商大家庭的快乐相聚。为了感谢您一年来对我公司的大力支持，我们特于 2024 年 1 月 10 日 14:00 在××大酒店一楼丽晶殿举办 2023 年度××公司客户答谢会，届时将有精彩的节目和丰厚的奖品等待着您，期待您的光临！

让我们同叙友谊，共话未来，迎接来年更多的财富，更多的快乐！

××公司

2023 年 12 月 23 日

评析 这是一份标准的邀请函，整体文字表达简洁清晰，言语间饱含感情，书写格式规范。例文中，正文分为三个自然段。其中第二段写明了"2023 年度××公司客户答谢会"举办的缘由、时间、地点、活动安排。

第一段开头语——"过往的一年，我们用心搭建平台，您是我们关注和支持的财富主角"和第三段结束语——"让我们同叙友谊，共话未来，迎接来年更多的财富，更多的快乐！"既反映了主办方对合作历史的回顾，即与"网商"精诚合作，真诚为客户服务的经营宗旨，又表达了对美好未来的展望。

写作指南

邀请函的结构和写作方法

一、标题

标题一般由礼仪活动名称和文体名组成，如"××公司年终客户答谢会邀请函"；也可用活动主题标语作标题，如"网聚财富主角"。

二、称呼

称呼是指要在被邀请者名字前加敬语。如“尊敬的×××先生/女士”。

三、正文

邀请函的正文是指活动主办方正式告知被邀请方举办活动的缘由、目的、事项及要求，写明活动的日程安排、时间、地点，并对被邀请方发出得体、诚挚的邀请。

四、结尾

结尾一般要写常用的邀请惯用语。如“敬请光临”“欢迎光临”。

五、落款

落款要写明活动主办单位的全称和成文日期。

注意事项

(1)被邀请者的姓名应写全，不应写绰号或别名。

(2)在两个姓名之间应该写上“暨”或“和”，不用顿号或逗号。

(3)应写明举办活动的具体日期(×月×日，星期×)。

(4)写明举办活动的地点。

情景训练

根据情景设定完成训练任务。主观作答(5分)。

训练任务：××师范大学将迎来建校60周年华诞，学校将举办庆祝活动，作为体育学院的学生会主席请写一份邀请函，邀请校友荣归母校，格式规范，表达清楚，用词得当。

实施要求：将班级学生分为四个小组，要求大家共同参与，每一小组都至少写一份邀请函，凡得到其他小组认可的邀请函将被评为优秀作品并进行课堂展示，其作者将获得课程加分。

训练过程：

(1)收集整理邀请函的所有基础知识→归纳整理邀请函的写作知识→撰写邀请函→提交邀请函。

（2）学习借鉴其他小组所写的邀请函→对各小组撰写的邀请函进行评价→评选出写得最好的一份邀请函。

评价标准：本任务采用自评、互评、教师评价相结合的方式开展评价，具体评价分值占比：模块分值（5 分）= 30%（教师）+40%（小组）+30%（个人）。

（1）组内互评：四个小组进行互相评价，获选优秀的小组可加 2 分，其他小组可加 1 分。

（2）教师评价：老师对所有学生撰写的邀请函进行教师评价，最高可加 1.5 分。

（3）自我评价：每个学生针对自己撰写的邀请函进行自我评价，最高可加 1.5 分。

扩展练习

分组指出下面的邀请函的不足之处，由小组代表总结本组找出的错误，给准确找出错误最多并加以修改的小组加分。主观作答（3 分）。

> **邀请函**
>
> 尊敬的校友朋友们！
>
> 大家好！
>
> 2024 年×月×日，××师范学院将迎来六十周年华诞，学校将隆重举行丰富多彩的庆祝活动。值此喜迎校庆之际，体育学院全体师生盛情邀请各位校友荣归母校，回顾学院 35 年发展历程，重温师生之情，畅叙同学友谊，共谋发展大计。
>
> 在金秋送爽、丹桂飘香的美好时节，体育学院诚挚地向您发出邀请，期盼您出席校庆盛典。
>
> 祝各位校友身体健康，事业顺利！

2023 年×月×日

联系人：××××

电话：1390451××××

邮箱：×××@ qq. com

注：近期各年级召集人会与您联系，是否返校参加校庆活动请务必于×月×日前回电，谢谢！

邀请人：×××

×年×月×日

任务总结

主观作答（2 分）。

反思总结	收获感想

考核评价

评分项	分值	评分要求	得分
基础知识	2 分	要求自主学习，掌握邀请函相关基础知识的要点	
情景训练	5 分	独立完成邀请函的撰写，要求格式无错误，表述正确	
拓展练习	3 分	分小组完成例文的点评，团队合作，组长积极作答，给找出错误点最多的小组加分	
任务总结	2 分	认真完成各环节，提升写作素养，填写任务总结	

注：教学视频可扫描二维码观看。

任务二十一　感谢信

基础信息

工单编号	C2301111110578	工单名称	感谢信
工单类型	基础型工单	面向专业	各专业通用
工单大类	基础课程	能力面向	专业技术能力
职业岗位	全系列岗位		
实施方式	模拟实施	考核方式	演讲汇报
工单难度	较易	前序工单	
工单分值	12 分	完成时限	2 课时
工单来源	校内开发	建议组数	4 组
组内人数	10 人	工单属性	私有工单
版权归属	闫安	附件资源	0 个
考核点	掌握感谢信的基础知识，完成感谢信的撰写		
工单简介	本工单采用情景教学法，要求学生掌握感谢信的写作要点，能够撰写一份符合礼仪要求的感谢信		
设备环境	多媒体教室		
教学方法	1. 项目教学法，在深入参与项目活动的过程中掌握应用文相关知识与写作技巧，让学生主动参与、有目的地展开自主学习，变被动学习为主动学习。 2. 情景教学法，根据教学目标，准确把握教学重点、知识点，创设任务情境，任务情境贯穿于教学的全过程，激发学生学习的兴趣和好奇心。把教学目标转化、分解为学生任务的学习目标。 3. 案例分析法，采用例文介绍的方式，给出完成该写作文体的思路、流程和格式，引导学生思考该文体的写作思路，注意事项，提升写作素养。 4. 分组探究法，由学习组长组织进行任务扩展的探究，通过小组合作学习，进一步巩固知识，充分发挥学生自主学习能力，提高团队协作能力		
用途说明	应用文是现代社会人们在工作、学习、生活中经常用到的信息交流工作工具，因此每个人都应该掌握应用文写作的基本知识和技能。对于即将步入社会的中高职生来说，学校更应该注重对其进行这方面能力的培养和训练，以适应实际生活和工作的需要		
工单开发	闫安	开发时间	2023-06-01 15:38

实施人员信息

姓名		班级		学号		电话	
隶属组		组长		岗位分工		伙伴成员	

任务目标

知识目标

掌握感谢信的相关基础知识。

能力目标

能够根据工作需要,规范完成感谢信的写作。

素质目标

1. 通过小组合作,提升学生团队合作意识。
2. 培养学生综合素质和应用文写作素养。

任务说明

任务背景

对人有礼能体现我们的品格和修养。当我们得到他人的关怀和帮助时,表示感谢是我们可以做到的表达尊敬和礼貌的最佳方式之一,也是我们建立人际关系、加强感情联系、稳固友谊和商业关系最可靠的方式之一。尤其是在合作日益密切的当今时代,学会写一封恰当得体的感谢信是极其重要的。如何根据情况恰如其分地表达感情,需要掌握感谢信的文体知识和写作方法。

任务描述

刘天明是××学院××专业的一名学生,在校期间学习成绩突出。但他家庭经济情况较为困难,近来又因身患疾病花费了一大笔钱。学校了解到他的情况,给他发放了助学金。他为了感谢学校对他的帮助和关心需要写一封感谢信。

任务需求

通过感谢信写作的学习,掌握感谢信撰写的重难点,能够撰写一份符合礼仪要求的感谢信。

基础知识

请同学自主学习基础知识内容，并提交学习笔记。主观作答(2 分)。

基础知识收集

乌欲高飞先振翅，人求上进先读书。

——李苦禅

一、感谢信的定义

感谢信是得到对方的帮助、关怀和支持时为表示感谢而写的一种专用书信。

二、感谢信的类型

按照感谢对象的特点来区分，感谢信包括写给集体的感谢信和写给个人的感谢信；按照感谢信的存在形式来区分，感谢信包括公开张贴的感谢信和给单位、集体和个人的感谢信。

例文赏析

感谢信

尊敬的学院领导：

您好！

很高兴能写这封感谢信。因为信里的一字一句都代表我们贫困生的心声，在此我深表对学院的感谢及敬意。

我叫刘天明，汉族，系××省××县××乡人，现就读于××学院××专业。我家一共4口人，父母均为农民，且均以务农为生，家中经济来源主要靠几亩旱地。母亲由于一次事故造成残疾，家中大部分农活都由父亲来承担，再加上这几年自然灾害频繁，导致家中收入严重减少，而且我和弟弟都在上学，每年又需两万多元的费用，这使本来贫困的家庭变得更加雪上加霜。由此，去年学校领导把助学金发给了我，这在经济上给了我很大的帮助。可是就在今年，不幸的事又一次袭击了我的家庭，一场病魔降临在我的身上，我在医院里待了将近三个月，花了近3万元，这对我的家庭来说无疑是一个天文数字！这使我家又一次陷入崩溃的边缘。不过“天无绝人之路”，有那么多关心我的人在身边，使我顺利地渡过这次危机，但却给家庭带来了巨大的压力。也许正是由于这个原因，学校领导又一次把今年的二等助学金给了我，在此我真诚地感谢国家、学校的政策，感谢各位领导及所有帮助我的人。助学金给予我的不仅仅是物质上的帮助，更多的是给了我信心与勇气！

现在，我还是个在校的学生，我没有更好的办法甚至不能用自己的实际行动来回报学院对我的帮助。我在学校利用课余时间参加了勤工俭学等活动，以此解决我的部分生活费，这样不仅减轻了家庭负担，还让我学会了一些在书本上学不到的知识。另外在大学时光中，我不忘国家对我的鼓励与支持，认真学习，严格要求自己，做一名成绩优秀、品行端正的学生。本学期我加入了系里的爱心社团，希望能尽我的力量去帮助别人。今后，我会像你们关心我一样去关心身边需要帮助的同学，让他们知道，在他们遇到困难的时候，背后有很多人和他们站在一起。

此时此刻，我唯一能用的言语就是感谢，感谢一年多来关心、爱护我成长的国家、学校、院领导和老师们，感谢在生活上给过我莫大帮助的同学们。多年后的我，成功之后一定不会忘记大学的艰辛岁月，不会忘记大学期间大公无私默默资助我的人们，你们是我的支柱，是我一生无法忘记的亲人。

我一定会时刻铭记你们的关怀，坚决履行自己的诺言。走好未来的路是我的勇气和自信的见证，我向你们郑重保证，立志做一个对社会有用的人，对国家有贡献的人，对人们有益的人，我会用自己的实际行动来报答你们，用自己的努力来回报社会！

最后，请接受我最真诚的谢意。谢谢！

此致

敬礼

学生：刘天明

2023 年 10 月 20 日

评析 这是一封充满真情实感的感谢信。首先，交代了感谢缘由，介绍了自己作为受助人的基本信息和情况；其次，介绍了受助人目前状况，表达了受到帮助后产生的积极变化；最后，进一步表达了感激之情，并表达了下一步自己的奋斗目标和希望。整体文字表达简洁清晰，言语间饱含情感，书写格式规范。

写作指南

感谢信的结构和写作方法

一、标题

在首行居中写“感谢信”或“致×××的感谢信”。

二、称呼

第二行顶格写被感谢的单位名称或个人姓名、称呼。

三、正文

正文主要写明感谢的内容并表达感激之情。首先，要交代清楚时间、地点、人物、事情的起因、经过和结果，在叙述过程中要着重叙述在关键时刻对方给予的支持和帮助及其产生的效果和影响；其次，要热情赞颂对方的可贵精神，要做到态度诚恳、感情真挚。

四、结语

结语通常为表示祝颂的话语，如“此致敬礼”“致以诚挚的谢意”。

五、落款

在结尾的右下方署上单位名称或个人姓名，在署名下一行写日期。

注意事项

(1)内容真实，叙述简洁。叙述对方的事迹要简练，表达感谢之情要明确而充分。

(2)表达感谢的用语要符合双方的身份，感情要真挚、朴实。

表扬信和感谢信的区别

(1)表扬信重在宣传，表扬之中含有感激之情；感谢信重在致谢，因感谢而产生的表扬效果。

(2)表扬信以叙述为主，叙写对方的先进事迹是重点；感谢信以议论抒情为主,表达感谢之情是主体。

(3)表扬信可以不是当事人所写;感谢信必须是当事人所写。

情景训练

根据情景设定完成训练任务。主观作答(5 分)。

训练任务:××学院××专业的学生王小明获得了大益助学金的资助,他准备写一封感谢信给设立助学金的大益公司。请你以王小明的身份手写一封感谢信,内容可以虚构,格式规范,表达清楚,用词得当。

实施要求:将班级学生分为四组,扮演王小明同学,给大益公司写一封感谢信,递交给其他小组。四个小组收到感谢信后进行互评,分数最高的 4 封感谢信将被评为优秀作品并进行课堂展示,其作者将获得课程加分。

训练过程:

(1)收集整理感谢信的所有基础知识→归纳整理感谢信的写作知识→对感谢缘由、事件经过等进行认真梳理→撰写感谢信→提交感谢信。

(2)学习借鉴其他小组所写的感谢信→对各小组感谢信进行评价→评选出写得最好的一封感谢信。

评价标准:本任务采用自评、互评、教师评价相结合的方式开展评价,具体评价分值占比:模块分值(5 分)= 30%(教师)+40%(小组)+30%(个人)。

(1)组内互评:小组互评,选出格式规范,内容充实,感谢信被评为优秀作品的同学可加 2 分,其他同学加 1 分。

(2)教师评价:老师对所有学生的感谢信进行教师评价,最高可加 1.5 分。

(3)自我评价:每个学生针对自己撰写的感谢信进行自我评价,最高可加 1.5 分。

扩展练习

分组指出下面感谢信的不足之处，由小组代表总结本组找出的错误，给准确找出错误最多并加以修改的小组加分。主观作答（3 分）。

感谢信

方正县农科所：

我乡玉米发生大面积虫害，严重影响生长的紧急时刻，你派出全部农业技术人员来我乡根治病虫害，你们深入田间地头调查研究，顶骄阳、冒大雨，不辞辛劳地走访农户数十家，耐心指导，避免了上千亩玉米绝收。目前作物长势良好，丰收在望。

在此，谨向你们热切的关心和敬业的精神表示由衷的感谢！

我们决心在党的正确指引下，继续努力生产，以实际行动答谢你们的帮助和关怀。

友谊乡人民政府（公章）

任务总结

主观作答（2 分）。

反思总结	收获感想

考核评价

评分项	分值	评分要求	得分
基础知识	2 分	要求自主学习,掌握感谢信相关基础知识的要点	
情景训练	5 分	独立完成感谢信的撰写,要求格式无错误,表述正确	
拓展练习	3 分	分小组完成例文的点评,团队合作,组长积极作答,给找出错误点最多的小组加分	
任务总结	2 分	认真完成各环节,提升写作素养,填写任务总结	

项目六 日常工作

项目背景

项目导入

本项目以开展日常工作为背景，采用情景教学的方法，学习步入工作岗位后，在日常办公中所需要的文体，从而使学生掌握办公技能，提升工作素养。

2020 年马上就要过去了，曹丽影的计算机软件公司逐渐步入正轨，客户不断增多，身为总经理的曹丽影召集公司中层干部总结一年以来公司的得与失，并对新的一年公司的前景发展进行规划。此时，奔腾公司有意与她公司进行合作，相约共同开发一款新软件，商谈合作营销事宜。此时，曹丽影在总结会议和商务洽谈中，要完成哪些应用文写作任务？

写作规则

本项目分为四个任务，包括计划、总结、经济合同、活动策划书，具体的项目规划如下。

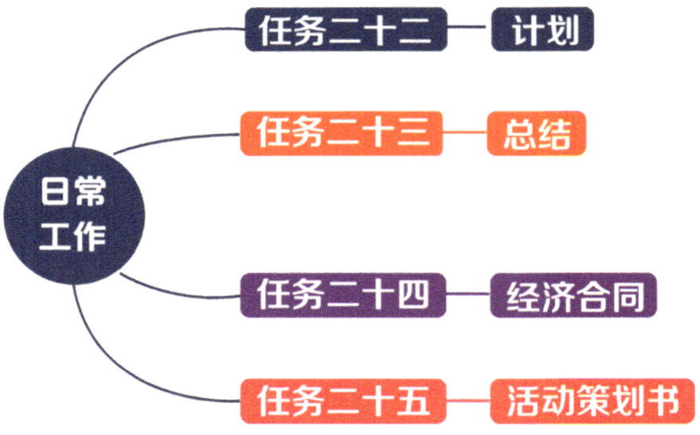

任务二十二　计　划

基础信息

工单编号	C2301111110580	工单名称	计划
工单类型	基础型工单	面向专业	各专业通用
工单大类	基础课程	能力面向	专业技术能力
职业岗位	全系列岗位		
实施方式	模拟实施	考核方式	演讲汇报
工单难度	中等	前序工单	
工单分值	12 分	完成时限	2 课时
工单来源	校内开发	建议组数	4 组
组内人数	10 人	工单属性	私有工单
版权归属	亓佳	附件资源	1 个
考核点	掌握计划的写作格式和技巧，能独立完成计划的写作		
工单简介	计划可以让学习、工作、生活有条不紊，本工单采用情景教学法，让学生掌握计划的格式及内容并规范地写作计划		
设备环境	多媒体教室		
教学方法	1. 项目教学法，在深入参与项目活动的过程中掌握应用文相关知识与写作技巧，让学生主动参与、有目的地展开自主学习，变被动学习为主动学习。 2. 情景教学法，根据教学目标，准确把握教学重点、知识点，创设任务情境，任务情境贯穿于教学的全过程，激发学生学习的兴趣和好奇心。把教学目标转化、分解为学生任务的学习目标。 3. 案例分析法，采用例文介绍的方式，给出完成该写作文体的思路、流程和格式，引导学生思考该文体的写作思路，注意事项，提升写作素养。 4. 分组探究法，由学习组长组织进行任务扩展的探究，通过小组合作学习，进一步巩固知识，充分发挥学生自主学习能力，提高团队协作能力		
用途说明	应用文是现代社会人们在工作、学习、生活中经常用到的信息交流工作工具，因此每个人都应该掌握应用文写作的基本知识和技能。对于即将步入社会的中高职生来说，学校更应该注重对其进行这方面能力的培养和训练，以适应实际生活和工作的需要		
工单开发	亓佳	开发时间	2023-06-01 15:40

实施人员信息

姓名		班级		学号		电话	
隶属组		组长		岗位分工		伙伴成员	

任务目标

知识目标

1. 能介绍计划的概念和类型。
2. 掌握计划的写作格式和技巧。

能力目标

能够按照计划的格式写作工作计划、生活计划等。

素质目标

1. 培养学生树立远大理想的信念。
2. 培养学生综合素质和应用文写作素养。

任务说明

任务背景

《礼记·中庸》:“凡事豫(预)则立,不豫(预)则废。言前定则不跲,事前定则不困,行前定则不疚,道前定则不穷。”意思是:做任何事情,事前有准备就可以成功,没有准备就会失败。在说话之前先有准备,就不会词穷理屈站不住脚;在做事之前先有定夺,就不会遇到困难;在行动之前如果有考虑,就不会感到后悔;在追求大道之前如果有方向,就不会走到穷途末路。

计划可以让学习、工作、生活有条不紊,想要规范地写作计划就需要掌握计划的格式、内容及写作要求。

任务描述

魏鑫是职业学校二年级的学生,上学期他的专业课成绩没有达到预想的目标,新的学期开始了,他希望借助制订一份专业课学习计划合理地安排学习时间,科学有效地学习。如何制订一份学习计划才能让魏鑫真正实现提高学习成绩的愿望呢?

任务需求

通过计划写作的学习,掌握计划撰写的方法,能够独立撰写与工作、学习相关的计划。

基础知识

请同学自主学习基础知识内容，并提交学习笔记。主观作答（2分）。

基础知识收集

凡事豫（预）则立，不豫（预）则废。言前定则不跲，事前定则不困，行前定则不疚，道前定则不穷。

——《礼记·中庸》

一、计划的概念

计划是国家机关、企事业单位、社会团体以及个人对未来一定时间内要做的工作从目标、任务、要求到措施预先作出设计安排的事务性文书。

计划是个统称，像规划、纲要、设想、打算、要点、方案、意见、安排等都是根据计划目标远近、时间长短、内容详略等的差异而确定的名称。

1. 规划

规划是一种时间跨度长、范围广、内容较为概括的计划。

2. 纲要

和规划相同，纳要也是各级领导机关根据战略方针，为实现总体目标对其个地区或某一事项作出的长远部署。

3. 设想

设想是一种粗线条的、初步的、预备性的非正式计划。相对来讲，其适用时限较长。

4. 打算

打算也是一种粗线条的、想法不太成熟的非正式计划。相对于设想，它的内容范围不大，且仅考虑近期要做的工作。

5. 要点

要点是将计划的主要内容择要摘编，使之简明突出，它适用于时间相对较短的计划。

6. 方案

方案是目的、要求、方式、方法、进度等都部署具体、周密,有很强的可操作性的计划。方案一般适合专项性工作,其实施往往须经上级批准。

7. 意见

意见属粗线条计划,它适用于上级向下级布署工作任务并提供基本的思路、方法和步骤等。

8. 安排

安排是短期的,且范围不大、内容单一、布置具体的一类计划。

二、计划的特点

1. 预见性

计划是事前行文,一般必须对过去成绩和问题有所总结,对目前工作情况中肯分析,再预测出未来工作发展趋势,制文时才能体现出具有科学预见性的特点。

2. 制约性

计划一经认真讨论通过、批准,便对涉及范围内的人员和机关产生制约性,必须贯彻执行。

3. 可行性

计划所提目标、任务、方法、步骤、要求和措施,只有符合有关方针政策精神,顺应事物发展的客观规律,符合单位实际才有可行性,否则只是一纸空文。

三、计划的种类

根据不同的标准,计划可以分为不同的类型。

(1)从内容上划分,计划可分为学习计划、工作计划、研究计划、教学计划、购销计划等。

(2)从范围上划分,计划可分为国家计划、地区计划、单位计划、班组计划等。

(3)从时间上划分,计划可分为十年规划、五年规划、年度计划、季度计划、月计划、周计划等。

(4)从性质上划分,计划可分为指令性计划、指导性计划、综合性计划和专题性计划等。

(5)从写法上划分,计划可分为条文式计划、表格式计划、条文与表格结合式计划等。

例文赏析

2022—2023 学年第一学期校学生会工作计划

本学期我校学生会将继续积极响应校党政领导的教育教学方针，起到学生会干部的模范带头、自主管理作用，用激情和智慧进一步推进我校校园文化建设。现将本学期工作计划如下。

一、进一步培养、规范学生会干部的模范带头作用和服务意识。本学期将进一步加强对学生会干部的培训和考核，提高学生会干部的自主管理意识，加强学生会干部队伍的建设。通过每周例会，邀请相关院领导指导，提高学生会干部的素质。

二、开展丰富多彩的各类文体活动，丰富校园生活，推进校园文化建设。由学生会各部门组织开展各种活动，如学习方法探讨会、播放有益的影视作品、校园卡拉 OK 比赛、邀请名家讲座、演讲比赛、棋牌类比赛等，提高同学们的学习兴趣，丰富同学们的课余生活。

三、充分利用班级黑板报的宣传作用，展现各班的风采，使学校宣传栏水平得到提高。

四、组建校园纠察队，规范校园环境。为了培养同学们的自主管理能力和集体意识，规范校园环境，学生会将组建以学生会干部为成员的校园纠察队，利用业余时间进行早、中、晚巡逻，发现问题，及时处理。要求学生干部做到公正而不徇私。

五、开学后的具体工作安排。

1. 9 月 1 日各班学生注册、缴费、打扫卫生。9 月 2 日下午 5 点校学生会生活部、卫生部进行卫生大检查。

2. 从 9 月 5 日（星期一）开始，校学生会体育部、学习部要进行早操、上课考勤的检查工作，学习部的考勤情况要及时汇报到学生处有关老师。

3. 9 月 6—7 日学校开始新生报到工作，校学生会的工作重点是配合学工处、校团委等部门做好迎接新生的工作。

4. 9 月 10 日教师节，各班组织黑板报的形式，以“老师，您辛苦了”为主题进行宣传。

5. 9 月 10—30 日做好学生会招新工作。今年的招新工作要提早做，在新生军训期间就完成新成员的招收工作（届时另拟招新工作计划）。

6. 9 月底举行迎新晚会等活动，迎新晚会拟订时间为 9 月 22 日（星期四），由校学生会办公室、宣传部、文艺部组织工作。各系的迎新晚会应在此期间自行组织。

7. 10 月 1 日国庆节放假,组织留校学生开展各种活动。

8. 10 月、11 月、12 月开展校风校纪建设活动,校学生会应围绕这一主题开展有特色的文体活动。今年的校风校纪建设活动,要开展老师和同学们都喜闻乐见的文体活动。针对往年一味独自开展活动,缺少班与班之间、社团与社团之间、校与校之间联系的现象,今年要加强这种联系,使大家在交流当中互相学习、互相提高,让学生会的各个部门都能在活动中得到锻炼、得到提高,充分发挥每个成员的积极性,让学校的学生工作开展得更火热。

9. 2022 年 12 月,工作重心放到复习备考上,毕竟作为学生,学习是第一任务,提高学习成绩才不会辜负家长的期望。所以校学生会的工作要积极配合做好备考工作。

10. 2023 年 1 月学校放假,校学生会应做好全校学生的放假工作,总结本学期工作,安排好第二学期开学工作。

黑龙江省××职业技术学校学生会

2022 年 8 月 20 日

评析 这是一份学生接触比较多的学生会工作计划。学生会是学校管理学生的重要部门之一,学生会的管理工作是学生自我管理的一条重要途径。这份学生会工作计划是对学生会工作的预先计划,从学生报到至第一学期结束。内容丰富详尽,安排细致,并提出了相关注意事项,具有可行性。

写作指南

计划的结构和写作方法

计划的格式与写法虽没有统一的规定,但在具体的写作过程中,仍有一定规律可循。计划一般由标题、正文、落款三个部分组成。

一、标题

完整的标题包括制订计划的单位名称、计划的期限、内容范围和文体四个要素,如果是草稿或初稿,还应在标题下或标题后加括号注明,如"××省人民政府二〇二一年工作要点(草案)"。

当然，标题的四个要素并不是每一份计划都必须具备的，有些要素视具体情况可以省略。

二、正文

计划的正文要写明计划的内容。可以分项写，也可以不分项写。如果分项写，可用条文式，还可用表格式。正文一般分为前言、主体和结语三部分。

前言部分一般说明制订计划的总原则、上级指示和要求、制订计划的依据以及对本部门具体情况的分析。这部分应该高度概括，简约明了。短期的小型计划，这部分可以省略。

主体部分要具备三项基本内容：目标、措施、步骤。目标是计划产生的起点，也是计划实施的归宿，它是计划的灵魂，这部分应该根据需要，提出完成任务的指标，即要完成何任务，达到什么目标要求。措施是实现计划的保证，这部分应该根据主客观条件，规定达到目标的手段，需动员的力量以及负责的部门、配合的单位等。步骤是实现目标的程序安排和时间要求，这部分应该按照任务完成的阶段和环节，明确哪些先干，哪些后干，体现出轻重缓急和先后顺序。在时间安排上，既要有总的时限要求，也要有每项任务的时限要求。

结语可以写明计划的执行要求，也可以提出希望或号召。有的计划不写结语。

三、落款

在计划正文的右下方写明制订计划的单位名称（个人计划写明个人姓名），在落款下面写明制订计划的具体日期。如果标题中已出现制订计划的单位名称，署名可以省略。

注意事项

（1）计划要实事求是、切实可行。制订计划时要坚持正确的政治方向，以党的有关方针政策、法令法规为指导，结合本地区、本部门、本单位或本人的实际情况，提出明确的目标与任务，制订相应的措施与办法。计划的目标不能定得太高或太低，一定要坚持实事求是的原则，既要反对头脑发热、盲目冒进，一味追求高指标；也要防止不求进取、甘居中游的保守思想。要把先进性和可行性很好地结合起来。计划既要能统筹全局，又要有分工落实。计划的措施要具体有力，有明确的时限要求和工作责任制，不能含糊不清，以保证计划落实到实处。

（2）计划的内容要明确具体。制订计划是为了更好地完成任务，不是为了应付检查的官样文章。因此,在计划中,目标、任务、措施、办法、步骤等都要写得明确具体、切实可行,不可含糊不清、模棱两可。

(3)计划的语言要准确、恰当。拟订计划时一般不需要议论,也不需要叙述过程,只要把目标、任务、措施、方法等交代清楚即可。因此,用词造句无需追求华丽的语言,只需要准确、恰当、清楚明白即可。

【写作模板】

________________计划

　　____

____

__________________________现有如下安排。

1. ____

__________________。

2. ____。

3. ____。

×××××

×年×月×

情景训练

根据情景设定完成训练任务。主观作答(5 分)。

训练任务:演讲社是××职业技术学院的优秀社团,该社团在新学期招收了一些新的社员。为了促进演讲社的发展,明确社团在新学期的新任务、新做法、新措施,使演讲社在新学期的活动能够顺利进行。社长指示秘书长孟德君起草一份新学期社团活动计划。请你以孟德君的身份拟写这份社团活动计划。

实施要求:班级学生四人一组,模拟学生会成员讨论新学期社团活动计划的内容,学生分别完成社团活动计划的撰写。学生模拟演讲社社长进行评价,得分高的社团活动计划将被评为优秀作品并进行课堂展示,其作者将获得课程加分。

训练过程:

(1)收集整理计划的所有基础知识→归纳整理计划的写作知识→对计划内容进行认真梳理→撰写计划→递交计划。

（2）征求意见→完善内容→实施计划→检查调整→完成计划。

评价标准：本任务采用自评、互评、教师评价相结合的方式进行评价，具体评价分值占比：模块分值（5分）= 40%（教师）+40%（小组）+20%（个人）。

（1）组内互评：学生模拟演讲社社长进行评价，得分高的小组可加2分，其他小组可加1分。

（2）教师评价：老师对所有学生的社团活动计划进行教师评价，最高可加2分。

（3）自我评价：每个学生针对自己撰写的社团活动计划进行自我评价，最高可加1分。

扩展练习

分组指出下面工作计划的不足之处，由小组代表总结本组共找出几点错误，给准确找出错误最多并加以修改的小组加分。主观作答（3分）。

> **地区种子管理站第一季度工作计划**
>
> 根据省农业厅的指示，为了我地区农业发展的需要，种子工作要迎头赶上去，为此，在今年第一季度要着重做好以下几项工作：
>
> 任务与要求
>
> 一、随同农业生产的发展，种子工作必须跟上去。在今年第一季度初，要开展一次以县为领导、以乡为单位、以种子站和农业技术推广站为指导的种子普查活动。具体要求：

1. 通过普查发动群众。

2. 冬季进行选种。

3. 要求未搞良种评选的县，在种子普查工作中，查清各种作物品种分布情况，掌握品种适应地区，推广新品种，从而补上良种鉴评工作。

4. 加强国家粮库贮备的检查。

二、积极解决水稻种子问题。解决办法如下：

1. 组织各个县积极挖潜力，保管好现有的种子。

2. 积极进行外调工作，除在××地区调回一部分外，还要继续向××求援。

三、为了适应农村大发展，必须抓住良种增产这一关键，做好托管良种工作，争取今后三年内普及良种。

工作措施

1. 于3月中旬召开一次种子工作会议，参加人员有县农业局长、种子站长等，重点研究全区种子情况，确定必要措施，解决种子不足的问题，给今年和以后提高种子工作打下良好的基拙。

2. 加强对各级种子工作的领导，并协助和支持县种子管理站开展种子工作。

3. 抽调20到25名各县种子管理站或其他部门的干部去外地搞好调种工作。

4. 解决好各个部门的关系问题。

×年1月5日

任务总结

主观作答(2分)。

反思总结	收获感想

考核评价

评分项	分值	评分要求	得分
基础知识	2 分	要求自主学习，掌握计划相关基础知识的要点	
情景训练	5 分	独立完成计划的撰写，要求格式无错误，表述正确	
拓展练习	3 分	分小组完成例文的点评，团队合作，组长积极作答，给找出错误点最多的小组进行加分	
任务总结	2 分	认真完成各环节，提升写作素养，填写任务总结	

注：教学视频可扫描二维码观看。

任务二十三　总　结

基础信息

工单编号	C2301111110579	**工单名称**	总结
工单类型	基础型工单	**面向专业**	各专业通用
工单大类	基础课程	**能力面向**	专业技术能力
职业岗位	全系列岗位		
实施方式	模拟实施	**考核方式**	演讲汇报
工单难度	较易	**前序工单**	
工单分值	12 分	**完成时限**	2 课时
工单来源	校内开发	**建议组数**	4 组
组内人数	10 人	**工单属性**	私有工单
版权归属	苑晓路	**附件资源**	2 个
考核点	掌握总结的基础知识,完成总结的撰写		
工单简介	本工单采用情景教学法,要求学生掌握总结的写作要点,能够撰写一份优秀的总结		
设备环境	多媒体教室		
教学方法	1. 项目教学法,在深入参与项目活动的过程中掌握应用文相关知识与写作技巧,让学生主动参与、有目的地展开自主学习,变被动学习为主动学习。 2. 情景教学法,根据教学目标,准确把握教学重点、知识点,创设任务情境,任务情境贯穿于教学的全过程,激发学生学习的兴趣和好奇心。把教学目标转化、分解为学生任务的学习目标。 3. 案例分析法,采用例文介绍的方式,给出完成该写作文体的思路、流程和格式,引导学生思考该文体的写作思路,注意事项,提升写作素养。 4. 分组探究法,由学习组长组织进行任务扩展的探究,通过小组合作学习,进一步巩固知识,充分发挥学生自主学习能力,提高团队协作能力		
用途说明	应用文是现代社会人们在工作、学习、生活中经常用到的信息交流工作工具,因此每个人都应该掌握应用文写作的基本知识和技能。对于即将步入社会的中高职生来说,学校更应该注重对其进行这方面能力的培养和训练,以适应实际生活和工作的需要		
工单开发	苑晓路	**开发时间**	2023-06-01 15:39

实施人员信息

姓名		班级		学号		电话	
隶属组		组长		岗位分工		伙伴成员	

任务目标

知识目标

掌握总结的相关基础知识。

能力目标

能够根据工作需要，规范完成总结的写作。

素质目标

1. 通过小组合作，提升学生团队合作意识。
2. 培养学生综合素质和应用文写作素养。

任务说明

任务背景

总结是一种智慧，也是一门学问。历览前贤俊杰，凡事业有成者，往往都善于总结。总结可全面地了解以往的工作情况，明确工作方向，提高工作效益。现在让我们一起来学习总结的写作方法吧。

任务描述

公司运营状况良好，大多数项目都处于盈利状态，现在要对其中一个项目进行归纳总结，找出其优点和不足之处，以便为公司继续稳定发展提供参考。同时，作为公司员工也要认真准备个人总结，便于公司掌握整体运营情况。

任务需求

通过总结写作的学习，掌握总结撰写的重难点，能够撰写一份符合要求的总结。

基础知识

请同学自主学习基础知识内容，并提交学习笔记。主观作答(2 分)。

基础知识收集

学而不思则罔，思而不学则殆。

——《论语》

一、总结的定义

总结是国家行政机关、企事业单位、社会团体或个人对一段时间内工作、学习或思想进行回顾、分析、评价，并从中找出经验教训和规律，为以后工作、学习提供帮助和借鉴而形成的一种书面材料。

二、总结的类型

1. 综合性总结

综合性总结是指某一单位或某一部门对工作进行的全面性总结，既要反映工作的概况，取得的成绩，也要写经验教训和今后如何改进的意见等。虽然综合性总结的内容要求全面，但并非要面面俱到，而是要突出主要工作和重要经验，从而说明工作的整体情况。

2. 专题性总结

专题性总结是指围绕工作中的某一方面或某一问题进行的专门性总结。这类总结往往偏重于总结某一方面的成绩、经验，其他方面可少写或不写。一般按提出问题、分析问题、解决问题这一思路构思。

例文赏析

2023 年个人工作总结

时光荏苒，转眼之间 2023 年过去了。本人在××电商团队经过一年的努力，已成长为一名较为优秀的美工。店铺一直在壮大发展，本人也收获颇多！目前，本人虽然在店铺装修、广告图片设计、商品页面制作等方面都积累了一定的经验，但是仍有很大的进步的空间，还需继续努力！

都说美工是店铺的灵魂，一张好的图片胜过千言万语，既要做好又要做到如实描述，所以美工应该是最了解产品的职位之一，需要不断地学习和踏实地工作。

1. 做到完全了解产品的特性、卖点、优势等（这需要很多前期运营文案工作的积累)，确保做出高转化率的图片。

2. 做到熟悉工作流程。在做首页和详情页之前应该有一份流程化的资料，保证首页和详情页风格一致。

3. 做到写好广告语。围绕每款产品的特点编辑广告语。让顾客跟着产品的思路走，才能真正实现高转化率。

4. 做到照片清晰、明亮。不清晰的照片给人一种没诚意的感觉，需要让人猜测质地和细节的图片已经失败了一半。拍摄图片时光线一定要好，尽量不要用灯光。

5. 做到杜绝产品图片千篇一律。合理的搭配，能起到画龙点睛的作用。数码相机拍摄的图片一般偏灰，需要适度地提高亮度，但不要过度修图，一定要保持产品的真实感。

6. 做到图片丰富、全面。一张图不能说明问题，可以多用几张图。把产品最特别的地方都展现出来，最好可以把图片直接显示在产品详情中。

7. 做到在大促活动时，积极投入到工作中去。参与活动，打造爆款，引进流量，可以提升店铺的总销量。通过参与“整点聚”“瞄一眼”“天天特价”“直通车”等活动，我设计的广告不仅带来了流量，还增加了销量。活动之前我作为美工设计就必须有质量有效率地完成广告图。为了使活动达到最佳效果，店铺前期的工作很重要，包括设计促销产品图片、促销价格摆放位置，如何关联销售等，可能一招不慎，满盘皆输，由此也使本人意识到自身工作的重要性。

俗话说：“只有经历才能成长”。工作是生活的重要组成部分，遇到困难要用平常的心态去看待，告诫自己凡事要先做人、后做事。遇到设计上的问题，我会及时与同事、同行沟通，向他们请教，积极听取他们的意见和建议；不断努力学习提高自己；及时了解需求，根据领导的要求进行改稿。相信在以后的工作中我会弥补不足，努力提高技能，完善工作，为公司的发展尽绵薄之力！每一个岗位都会有这样那样的问题，每一个岗位都会有小小的辛酸，但只要我们方向是对的，摆正心态，踏踏实实地做好眼前的每一份工作，相信不久的将来就是晴天。最后，感谢领导对我的悉心指导，我一定会以积极主动、充满激情的心态去工作。

美工部×××

2023 年 12 月 29 日

评析 这是一份内容详细的个人工作总结，标题由时间、事由与文体三个要素组成。正文由开头概述、工作业绩和努力方向组成，格式完整，条理清楚，内容完备。

写作指南

总结的结构和写作方法

一、标题

总结的标题要简洁、准确。一般有以下几种写法。一种是公文式标题，即由单位名称、时间、事由与文体等构成，如“××大学2023学年教学工作总结”；也可以省略部分要素，或省略单位名称，如“2023学年工作总结”；或省略时间，如“××市计划生育总结”；或单位名称与时间均省略，如“科研工作总结”。一种是文章式标题，即用简练的语言概括总结的主要内容或基本观点，如“增强领导干部的公仆意识”“走活一步棋选好一把手”。再一种是双标题，即正副标题形式。正标题概括主要内容或揭示主题，副标题补充说明单位、时限和工作内容，如“抓改革、促管理、增效益——好利来食品厂2023年工作总结”“构建农民进入市场的新机制——双城麦棉产区发展农村经济的实践与总结”。当然，在实际运用中，采用什么样的标题形式，可视具体情况而定，不可一概而论。

二、正文

总结的正文一般由开头、主体和结尾三部分构成。

1. 开头

开头又称前言部分，要求开门见山、简明扼要地概括基本情况，包括单位名称、主要任务、时间、背景、指导思想、主要内容及基本评价等。可以采用以下几种方式简单概述总结的内容和目的。

概述式：概括介绍基本情况（工作背景、时间、地点等）。

结论式：给需要进行总结的工作下一个结论，然后再较详细地叙述情况。

提示式：对工作的主要内容进行提示性地简要概括。

提问式：提出问题以引起读者对该文的关注，明确总结的重点。

对比式：对有关情况的过去和现在、后进和先进、正确与错误等作出简略的比较，在比较中表明所要总结的工作的基本情况。

2. 主体

主体是总结的核心，主要包括基本情况、经验和体会、问题和教训及今后的打算和努力的方向等内容。基本情况包括总结对象涉及的环境背景、具体任务、实施步骤等。经验和教训指总结工作成效和带规律性的、有指导意义的体会。除了所取得的成就、经验之外,对工作中曾出现的失误也应该实事求是地说明,做到既不一味铺陈优点,也不有意回避缺点。设想和安排是在总结经验教训的基础上,针对工作中实际存在的问题,提出解决办法。

写主体部分,切忌事无巨细,一一罗列。这一部分由于内容较多、篇幅较长,因而在写作时应注意层次分明、条理清楚。在写作中通常采用多种方式来安排结构。

(1)横式结构,即将主体部分分成并列的几个方面,一一进行总结阐述。例如,某专题性经验总结的主体部分就是采用横式结构从几个方面总结了某学院的办学经验,它的大体框架是:一、贯彻教育体制改革,积极落实改革措施;二、突出教学的中心地位,提高教学质量;三、建立完善的科研体系;四、强化服务保障功能,改善办学条件。

(2)纵式结构,即按照工作进行的过程或各部分层层递进的逻辑关系安排结构的方法。一般要把整个工作活动的过程分成几个阶段,逐一进行总结,例如,按"一、做了哪些工作;二、取得了哪些成绩;三、有哪些经验和问题"的顺序安排材料。综合性总结的正文常采用此类结构。

(3)纵横交叉式结构,即前面两种结构方法的综合,既考虑到并列的各个方面,又有工作进行的过程或层层递进的关系。这类结构一般适用于大型总结。

3. 结尾

这一部分较为简单,主要是表明决心、展望前景。在总结经验的基础上提出今后的打算、改进意见和设想。

三、落款

落款包括署名和日期。署名要用全称或规范化简称,写在文章的右下方,若标题中已有了单位名称,可以不写;若标题中没有发文机关,落款中的署名则不能省略。时间应另起一行写在署名之下。

注意事项

(1)态度端正,实事求是。如果说没有计划就没有方向,没有目标,没有统一的步调,工作随意性太大,就做不好工作;那么,没有总结,就没有认识上的提高和理论上的飞跃,同样也做不好工作。所以,总结是工作中的一个至关重要的环节,不能马虎了事,只报喜不报忧,或只报忧不报喜,更不能为了迎合某些上级部门的指示而弄虚作假。所使用的材料必须准确无误,引用的文句要符合原文,列举的事实要核对清楚,叙述的事实要明白确凿。

(2)全面评价,突出特色。撰写总结最大的忌讳就是记“流水账”,面面俱到,没有重点,没有特色。因此,在构思时就要认真研究材料,确立恰当而又有特色的主题。在全面评价的基础上,内容要有所侧重,详略得当,不可事无巨细,平分秋色。

(3)条理清楚,语言朴素。总结的篇幅一般来说都比较长,因此要特别注意结构的严谨,条理的清晰,逻辑的严密。语言要平实,不要追求华丽的辞藻、空泛的抒情、浮华的描写等。

(4)总结常以第一人称的形式来叙写。

特别提示

(1)总结分析问题要“透”。勇于剖析问题是一种职业精神,也是坦荡的表现。

(2)总结前要充分收集材料。最好通过不同的形式,听取各方面的意见,了解有关情况。

(3)总结的最终目的是得出经验,吸取教训,找出做好工作的规律。

情景训练

请给自己写一份本学期的学习总结。主观作答(5 分)。

训练任务:请写一份自己本学期的学习总结。

实施要求:将班级学生分为四组,为了让每位学生都能获得一次参与的体验,要求所有组员都要点评其他同学写作的总结,凡得到多数组员认可的同学的作品将被评为优秀作品,该同学将获得课程加分并对其作品进行课堂展示。

训练过程:

(1)收集整理总结的所有基础知识→归纳整理写作知识→对搜集到的总结材料进行认真梳理→撰写总结。

(2)收集、整理其他同学写作的总结→对收到的总结进行筛选与评审→确定获选优秀作品同学的名额→给予奖励。

评价标准:本任务采用自评、互评、教师评价相结合的方式开展评价,具体评价分值占比:模块分值(5 分)= 30%(教师)+40%(小组)+30%(个人)。

(1)组内互评：由其他组员对收到的总结进行评价，能获得80%认可的总结将被评为优秀作品，其作者可加2分，其余上交总结的学生做到格式正确并按照要求写作的可加1分。

(2)教师评价：老师对所有学生的总结进行教师评价，最高可加1.5分。

(3)自我评价：每个学生针对自己撰写的总结进行自我评价，最高可加1.5分。

扩展练习

分组指出下面总结的不足之处，由小组代表总结本组找出的错误，给准确找出错误最多并加以修改的小组加分。主观作答(3分)。

×年×班读书活动总结

为了进一步激发学生读书的热情，增长学生的知识，真正营造浓郁的“书香校园”。我校开展了“沐浴书香，灵慧成长”的读书活动。我班也积极投身于这次读书活动中。在“营造书香班级，让好书陪伴学生，让书香飘逸班级”的新阅读理念的指引下，结合我班实际情况，切实有效地开展了以下几项工作：

一、制定好有序的计划：

为保证班级读书活动有序、有效的进行，在活动一开始我班就依据实际情况制定了读书活动计划。做到一步一个脚印，有目的，有步骤，有实效。

二、积极动员，激发读书兴趣：

在实施读书计划伊始，我在班级里进行了一次以“我读书，我快乐”为主题的读书动员班会。班会上，同学们向大家介绍了自己读过的好书，讲述了读书带给自己的很多好处。同学们还踊跃上台向全班同学展示了自己在阅读中摘录的一些好词、好句、好的片段。“我读书，我快乐”的主题班会中，同学们更深刻地认识到了“书”带给他们的无穷乐趣。

三、营造阅读氛围：

班级氛围也是一种语言，是一种传递信息的独特的交往形式，蕴含着巨大的潜在的教育意义。在语文老师的积极配合下努力做到：读好一本书——师生携手共读一本书，读完、读懂；做好一件事——教师领导学生精读一本书，写好一篇读后感；树好一榜样——树立一个读书好榜样，实践一种读书精神。

1. 利用好学校阅览室：学校图书室向学生提供大量丰富优质的藏书。每周二中午我班学生可以在规定的时间到图书室借阅，供学生自由选择，进行自主性阅读。

2. 设立班级图书角：以学生捐赠为主，加上由学校统一给各班购置的图书，本学期我班的图书量已经达到 100 多本，涉及人文历史，天文地理以及童话动漫等。为了提高班级图书的流通率和进行有效的管理，制定班级图书借阅制度，班中特设了一名工作责任心强的李涵同学作为图书管理员，负责做好同学们每天借阅和归还的记录，同时也负责做好图书的更新、交换和补充。

3. 出好黑板报和布置学习园地。本班由马梅英、王莹睿、詹鸣宇和柳青四人组成的班级板报团队，谋划分期展出有关读书方面的内容。学习园地中也经常更新着同学们读书后的感想。

4. 落实好读书时间。为了让读书活动有序开展，我认真制订了“书香班级”的读书计划。计划中为了保证学生读书时间，安排学生每天中午到校半小时是读书时间。每周星期五下午前两节固定为学生自由阅读课外书的时间。

5. 增强民主管理意识

要创建一个平等、和谐、有凝聚力的班集体，关键在民主管理。我班在开展各项活动中，在组建班委会、在开展评优活动中、在制定班级管理目标和制度等方面，广泛征求同学们的意见，充分发扬民主，尊重同学们的民主权利。因此，在班干的组建和评优活动中，做到了令同学们满意。

任务总结

主观作答（2 分）。

反思总结	收获感想

考核评价

评分项	分值	评分要求	得分
基础知识	2 分	要求自主学习，掌握总结相关基础知识的要点	
情景训练	5 分	独立完成总结的撰写，要求格式无错误，表述正确，能够彰显自身优势	
拓展练习	3 分	分小组完成例文的点评，团队合作，组长积极作答，给找出错误点最多的小组加分	
任务总结	2 分	认真完成各环节，提升写作素养，填写任务总结	

注：教学视频可扫描二维码观看。

任务二十四　经济合同

基础信息

工单编号	C2301111110581	工单名称	经济合同
工单类型	基础型工单	面向专业	各专业通用
工单大类	基础课程	能力面向	专业技术能力
职业岗位	全系列岗位		
实施方式	模拟实施	考核方式	演讲汇报
工单难度	较易	前序工单	
工单分值	12 分	完成时限	4 课时
工单来源	校内开发	建议组数	4 组
组内人数	10 人	工单属性	私有工单
版权归属	闫安	附件资源	1 个
考核点	掌握经济合同的基础知识,完成经济合同的撰写		
工单简介	本工单采用情景教学法,要求学生掌握经济合同的写作要点,能够撰写一份经济合同		
设备环境	多媒体教室		
教学方法	1. 项目教学法,在深入参与项目活动的过程中掌握应用文相关知识与写作技巧,让学生主动参与、有目的地展开自主学习,变被动学习为主动学习。 2. 情景教学法,根据教学目标,准确把握教学重点、知识点,创设任务情境,任务情境贯穿于教学的全过程,激发学生学习的兴趣和好奇心。把教学目标转化、分解为学生任务的学习目标。 3. 案例分析法,采用例文介绍的方式,给出完成该写作文体的思路、流程和格式,引导学生思考该文体的写作思路,注意事项,提升写作素养。 4. 分组探究法,由学习组长组织进行任务扩展的探究,通过小组合作学习,进一步巩固知识,充分发挥学生自主学习能力,提高团队协作能力		
用途说明	应用文是现代社会人们在工作、学习、生活中经常用到的信息交流工作工具,因此每个人都应该掌握应用文写作的基本知识和技能。对于即将步入社会的中高职生来说,学校更应该注重对其进行这方面能力的培养和训练,以适应实际生活和工作的需要		
工单开发	闫安	开发时间	2023-06-01 15:41

实施人员信息

姓名		班级		学号		电话	
隶属组		组长		岗位分工		伙伴成员	

任务目标

知识目标

掌握经济合同的相关基础知识。

能力目标

能够根据招标需要，规范完成经济合同的写作。

素质目标

1. 通过小组合作，提升学生团队合作意识。
2. 培养学生综合素质和应用文写作素养。

任务说明

任务背景

在商品经济高度发展的今天，经济合同的使用范围日益广泛，大多涉及经济利益往来方面的商业行为，都离不开经济合同。签订经济合同是建立经济合同法律关系的基础，它对于确定合同是否有效、能否履行，当事人的经济目的能否实现、经济利益能否得到保障、发生经济纠纷如何判定责任等问题都有极其重要的意义。学习并了解经济合同的相关知识，对于实现契约精神及合法权益维护意识的养成很有帮助。

任务描述

肖红是××职业学院工商管理专业毕业生，现就职于××有限公司，负责公司日常文案撰写工作。近日公司向××家具公司订购一批办公家具，为约束双方的权利和义务，依照《中华人民共和国合同法》的规定，双方签订了合同。合同中对办公家具的规格、数量、质量、运输方式、付款时间及方式、违约责任等都有明确的约定。为此，肖红学习了合同的相关知识和撰写格式。

任务需求

通过经济合同写作的学习，掌握经济合同撰写的重难点，能够撰写一份符合招标要求、保障自己合法权益的合同。

基础知识

请同学自主学习基础知识内容，并提交学习笔记。主观作答(2 分)。

基础知识收集

世上无难事，只要肯攀登。

——毛泽东

一、经济合同的定义

《中华人民共和国合同法》规定："本法所称合同是平等主体的自然人、法人、其他组织之间设立、变更、终止民事权利义务关系的协议。"经济合同，是指自然人、法人、其他组织之间为实现一定的经济目的，明确相互的权利义务关系而订立的书面协议。经济合同具有法律约束力，保护合同当事人的合法权益，有利于加强社会的经济管理、有利于维护社会的经济秩序、有利于建构和谐社会。

二、经济合同的特点

1. 约束性

约束性是法律赋予合同当事人的强制力，当事人如违反合同约定的内容，则产生相应的法律后果，同时须承担相应的法律责任。

2. 合法性

《中华人民共和国合同法》第七条规定："当事人订立、履行合同，应当遵守法律、行政法规，尊重社会公德，不得扰乱社会经济秩序，损害社会公共利益。"这一规定是对当事人在签订经济合同最基本的要求，当事人只有遵循这一原则，签订的经济合同才能得到国家的认可和具有法律效力，当事人的权益才能受到保护。

3. 规范性

经济合同的内容和形式都应该规范化。只有规范的合同，才能真正做到有章可依，避免矛盾和纠纷，确保合同双方的合法权益。

4. 严密性

经济合同的用语应该严密周到，不能有含糊不清或者模棱两可的情况出现，避免在履行合同过程中出现不必要的争执。

三、经济合同的类型

1. 买卖合同

买卖合同是指出卖人将物的所有权转移给买受人，由买受人支付价款的合同。

2. 供电（水、气、热力）合同

供电（水、气、热力）合同是指供电（水、气、热力）人向用电（水、气、热力）人提供电（水、气、热力），使用者支付一定费用的合同。

3. 赠与合同

赠与合同是指赠与人把自己的财产无偿地送给受赠人，受赠人同意接受的合同。

4. 借款合同

借款合同是指当事人约定一方将一定种类和数额的货币所有权移转给他方，他方于一定期限内返还同种类同数额货币的合同。

5. 租赁合同

租赁合同是指出租人将租赁物交付给承租人使用，承租人支付租金的合同。

6. 融资租赁合同

融资租赁合同是指出租人根据承租人对出卖人、租赁物的选择，向出卖人购买租物，提供给承租人使用，承租人支付租金的合同。

7. 承揽合同

承揽合同是指承揽人按照订做人的要求完成工作，交付工作成果，订做人给付报酬的合同。

8. 建设工程合同

建设工程合同是指由承包人进行工程建设，发包人支付价款的合同。

9. 运输合同

运输合同是指承运人将旅客或者货物从起运地点运输到约定地点，旅客、托运人或者收货人支付票款或者运输费用的合同。

10. 技术合同

技术合同是指当事人就技术开发、转让、咨询或者服务订立的确立相互之间权利和义务的合同。

11. 保管合同

保管合同是指保管人有偿地或无偿地为寄存人保管物品，并在约定期限内或应寄存人的请求，返还保管物品的合同。

12. 仓储合同

仓储合同是指保管人储存存货人交付的仓储物，存货人支付仓储费用的合同。

13. 委托合同

委托合同是指受托人为委托人办理委托事务，委托人支付约定报酬或不支付报酬的合同。

14. 行纪合同

行纪合同是指行纪人以自己的名义为委托人从事贸易活动，委托人支付报酬的合同。

15. 居间合同

居间合同是指居间人根据委托人的要求为委托人与第三人订立合同提供机会或进行介绍，而委托人须向居间人给付约定报酬的合同。

四、经济合同的作用

（1）有利于发展生产的专业化，提高经济效益。

（2）有利于企业加强经营管理。

（3）有利于国家对企业的监督和管理。

（4）有利于保护当事人的合法经济权益。

例文赏析

房屋租赁合同

订立合同双方：

出租方：________________，以下简称甲方，

承租方：________________，以下简称乙方。

根据《中华人民共和国合同法》及有关规定，为明确甲、乙双方的权利义务关系，经双方协商一致，签订本合同。

第一条　甲方将自有的坐落在________市________街________巷________号

的房屋________栋________间,建筑面积____________平方米、使用面积________平方米,类型__________,结构等级__________,完损等级________,主要装修设备__________,出租给乙方作__________使用。

第二条　租赁期限

租赁期共__________个月,甲方从__________年__________月__________日起将出租房屋交付乙方使用,至________年__________月__________日收回房屋。

乙方有下列情形之一的,甲方可以终止合同,收回房屋。

1. 擅自将房屋转租、分租、转让、转借、联营、入股或与他人调剂交换的;

2. 利用承租房屋进行非法活动,损害公共利益的;

3. 拖欠租金______个月或空关______个月的。

合同期满后,如甲方仍继续出租房屋的,乙方拥有优先承租权。租赁合同因期满而终止时,如乙方确实无法找到房屋,可与甲方协商酌情延长租赁期限。

第三条　租金和租金交纳期限、税费和税费交纳方式

甲、乙双方议定月租金______元,由乙方在______年______月______日交纳给甲方。先付后用。甲方收取租金时必须出具由税务机关或县级以上财政部门监制的收租凭证。无合法收租凭证的,乙方可以拒付。

甲、乙双方按规定的税率和标准交纳房产租赁税费,交纳方式按下列第____款执行:

1. 按有关税法和镇政发(90)第34号文件规定的比例由甲、乙方各自负担;

2. 甲、乙双方议定。

第四条　租赁期间的房屋修缮和装饰

修缮房屋是甲方的义务。甲方对出租房屋及其设备应定期检查,及时修缮,做到不漏、不淹、三通(户内上水、下水、照明电)和门窗完好,以保障乙方安全和正常使用。

修缮范围和标准按城建部(87)城住公字第13号通知执行。

甲方修缮房屋时,乙方应积极协助,不得阻挠施工。

出租房屋的修缮,经甲乙双方商定,采取下述第____款办法处理:

1. 按规定的维修范围,由甲方出资并组织施工。

2. 由乙方在甲方允诺的维修范围和工程项目内,先行垫支维修费并组织施工,维修竣工后,其维修费用凭正式发票在乙方应交纳的房租中分______次扣除。

3. 由乙方负责维修。

4. 甲、乙双方议定。

乙方因使用需要，在不影响房屋结构的前提下，可以对承租房屋进行装饰，但其规模、范围、工艺、用料等均应事先得到甲方同意后方可施工。对装饰物的工料费和租赁期满后的权属处理，双方议定：

工料费由______方承担；

所有权属______方。

第五条　租赁双方的变更

1. 如甲方按法定手续程序将房产所有权转移给第三方，在无约定的情况下，本合同对新的房产所有者继续有效；

2. 甲方出售房屋，须在三个月前书面通知乙方，在同等条件下，乙方有优先购买权；

3. 乙方需要与第三人互换用房时，应事先征得甲方同意，甲方应当支持乙方的合理要求。

第六条　违约责任

1. 甲方未按本合同第一、二条的约定向乙方交付符合要求的房屋，负责赔偿______元。

2. 租赁双方如有一方未履行第四条约定的有关条款的，违约方负责赔偿对方______元。

3. 乙方逾期交付租金，除仍应补交欠租外，并按租金的____%，以天数计算向甲方交付违约金。

4. 甲方向乙方收取约定租金以外的费用，乙方有权拒付。

5. 乙方擅自将承租房屋转给他人使用，甲方有权责令停止转让行为，终止租赁合同同时按约定租金的______%，以天数计算由乙方向甲方支付违约金。

6. 本合同期满时，乙方未经甲方同意，继续使用承租房屋，按约定租金的______%，以天数计算向甲方支付违约金后，甲方仍有终止合同的申诉权。

上述违约行为的经济索赔事宜，甲乙双方议定在本合同签证机关的监督下进行。

第七条　免责条件

1. 房屋如因不可抗拒的原因导致损毁或造成乙方损失的，甲、乙双方互不承担责任。

2. 因市政建设需要拆除或改造已租赁的房屋，使甲、乙双方造成损失，互不承担责任。若因上述原因而终止合同的，租金按实际使用时间计算，多退少补。

第八条　争议解决的方式

本合同在履行中如发生争议，双方应协商解决；协商不成时，任何一方均可向房屋租赁管理机关申请调解,调解无效时,可向市工商行政管理局经济合同仲裁委员会申请仲裁,也可以向人民法院起诉。

第九条　其他约定事宜

本合同有效期限:______年______月______日至______年______月______日。

本合同未尽事宜,甲、乙双方可共同协商,签订补充协议。补充协议报送市房屋租赁管理机关认可并报有关部门备案后,与本合同具有同等效力。

本合同一式四份,其中正本两份,甲、乙双方各执一份;副本两份,送市房管局、工商局备案。

出租方:(盖章)	承租方:(盖章)
法定代表人:(签名)	法定代表人:(签名)
单位联系地址:	单位联系地址:
鉴证机关:昆明市工商行政管理局	
供方:云南普洱茶厂	需方:×××贸易公司
法人代表:马××	法人代表:刘××
开户银行:	开户银行:
银行账号:	银行账号:
电话:	电话:
地址:	地址:

评析 这是一份房屋租赁合同。标题由合同类别和文体组成。然后写明合同当事人名称或姓名,引言写订立合同的目的,并说明订立本合同双方经过了友好协商。第一条至第八条为主体,分别写经双方协商约定的各自承担的法律责任、享有的权利和解决争议的方式。第九条作为结尾内容,分别写合同的有效期限、未尽事宜的解决方式、执行合同者及合同的备案单位。本合同条款具体,格式规范,语言明晰,行文周密,可以说详尽地包含了房屋租赁合同的写作内容。

写作指南

经济合同的结构和写作方法

一、标题

标题由合同性质或内容加文体两部分组成,如“购销合同”“抚养遗赠协议书”

"建筑合同"。

二、立合同人

立合同人即合同当事人名称或者姓名。要准确写出签约单位或个人的全称、全名,并在其后注明双方约定的固定指代,如一般写"甲方""乙方"。如有第三方,可将其称为"丙方"。在对外贸易合同中,有时可指代为"卖方""买方"。不论在什么情况下,合同中都不能用不定指代"你方""我方"来指定当事人。

三、引言

引言即合同的开头,主要写明订立合同的目的、根据、是否经过平等友好协商等。

四、主体内容

合同的主体内容由合同当事人双方约定,包括各方所承担的法律责任和应享有的权利。一般应具备以下条款。

1. 标的

标的是指合同当事人的权利和义务所共同指向的对象,即合同的基本条款,如购销合同卖方交付的出卖物。标的通常包括有形财产、无形财产、劳务、工作成果等。

2. 数量、质量要求

数量是标的的具体指标,是确定权利和义务大小的度量,所以必须明确具体地规定标的的数量和计量单位。标的质量是合同的基本条件之一,必须从使用材料、质地、性能、用途甚至保质期等各方面作详细约定。

3. 价款或报酬

价款或报酬是指合同标的的价格,是合同各方当事人根据国家法律、法规、政策和有关规定,对标的议定的价格,是合同一方以货币形式取得对方商品或接受对方劳务所应支付的货币数量。要明确标的的总价、单价、货币种类及计算标准、付款方式、程序和结算方式。

4. 合同的履约期限、地点和履约方式

合同的履约期限就是合同的有效期限,是合同具有法律效力的时限和责任界限，过时则属违约，日期用公元纪年，年、月、日书写齐全；地点是指当事人履行合同义务、完成标的任务的地点；履约方式是指当事人履约的具体办法，如借贷合同的出资方要以提供一定的货币来履约等。

5. 违约责任

违约责任是对当事人不履行合同义务时的制裁措施。违约责任应考虑周全，需逐一估计其可能发生的事，包括写明发生当事人不能预料、无法躲避且不可抗拒的如地震、台风等情况时的处理方式等。

五、结尾

合同的结尾写明必要的说明。如说明解决争议的方法、合同的份数、保管方式、有效期及合同所附的表格、图纸、实物等附件。

六、落款

落款要写明双方单位全称和代表姓名，并签名盖章。还应写上合同当事人的有效地址、邮政编码、电子邮箱、电话、电报挂号以及开户银行、银行账号等信息。

注意事项

(1)合法、合理。合同内容必须符合法律规定，如果合同内容违反国家的法律和政策，不仅不受法律保护，还要依法追究法律责任。同时，签订合同必须贯彻平等互利、协商一致、等价有偿的原则。

(2)条款规定全面、完整。合同所必备的各个构成部分不能缺少，关键条款不能遗漏。

(3)表达简明准确。合同的写作采用说明方式，应做到周密严谨、言简意赅。要写得明确具体，条款清晰、概念准确，切忌词不达意或含糊不清。比如，必须使用规范汉字，不使用“最近”“基本上”“可能”“大概”“上一年”这类模糊词语。价款与酬金数字必须大写。

(4)充分了解合作方的资格、资信和履行合同的能力。

情景训练

根据以下提供的材料草拟一份合同。主观作答(5 分)。

训练任务：学校为修缮一幢 2 000 平方米的教学楼，与市房屋修缮公司议订，全部修缮由修缮公司承建。按学校要求(另定)包工包料。总修缮费用为18万元。合同签订后两周内,学校先付给修缮公司全部修缮费的50%,其余部分在教学楼修缮验收合格后10天内一次付清。教学楼要在一个月内修缮完毕(从本月30日起至次月30日止),修缮教学楼所用材料按双方议定的标准(附材料标准)。如有一方违背合同条款,影响修缮工程,由违约方负责损失赔偿。合同要求一式三份,双方各执一份,另一份交市教育局负责监督,签订合同的日期是今天。

实施要求:将班级学生分为四个小组,扮演公司法人代表,接受其他小组递交的合同。为了让每位学员都能获得一次签订合同的体验,要求每个学生都作为法人代表撰写一份合同,并至少投递一份合同到其他小组。四个小组对收到的合同进行评选,格式规范,条款严谨的合同将被评为优秀作品并进行课堂展示,其作者将获得课程加分。

训练过程:

熟悉经济合同的相关知识→撰写经济合同→指出经济合同的错漏处→修改并完善经济合同→评选出写得最好的作品→展示优秀作品。

评价标准:本任务采用自评、互评、教师评价相结合的方式开展评价,具体评价分值占比:模块分值(5分)=30%(教师)+40%(小组)+30%(个人)。

(1)组内互评:四个小组扮演的公司法人代表对收到的合同进行评价,作品获选优秀的学生可加2分,其他学生可加1分。

(2)教师评价:老师对所有学生的合同进行教师评价,最高可加1.5分。

(3)自我评价:每个学生针对自己撰写的合同进行自我评价,最高可加1.5分。

扩展练习

分小组指出下面这份经济合同的不足之处，由小组代表总结本组找出的错误，给准确找出错误最多并加以修改的小组加分。主观作答(3 分)。

经济合同

县供销社经营科(简称甲方)

××工艺社销售科(简称乙方)

甲方为发展农副业生产，保证市场供应，经与乙方商定同意以下几点，特签订本合同，以资共同遵守。

货物名称：草帽、草席。

产品规格：按双方议定规格(后附)。

订购数量：草帽 500 顶，草席 700 条。

产品单价：草帽每顶 2 元，草席每条 8 元。

产品总额：6 600 元。

交货日期：2024 年 12 月 5 日。

交货地点：供销社仓库。

交货办法：由乙方负责将货送到甲方仓库，不计运费。

付款办法：交付之日，用转账支票一次付清。

本合同自签订之日起经双方盖章后生效，本合同一式三份，双方及签证机关各一份。附件：产品规格(略)

甲方：××县供销社经营科(盖章)

科长：×××(盖章)

乙方：××工艺社销售科(盖章)

科长：×××(盖章)

签证机关：××工商管理局(盖章)

签证日期：2024 年 5 月 12 日

任务总结

主观作答(2 分)。

反思总结	收获感想

考核评价

评分项	分值	评分要求	得分
基础知识	2 分	要求自主学习,掌握经济合同相关基础知识的要点	
情景训练	5 分	独立完成经济合同的撰写,要求格式无错误,表述正确	
拓展练习	3 分	分小组完成例文的点评,团队合作,组长积极作答,给找出错误点最多的小组加分	
任务总结	2 分	认真完成各环节,提升写作素养,填写任务总结	

注:教学视频可扫描二维码观看。

任务二十五　活动策划书

基础信息

工单编号	C2301111110582	工单名称	活动策划书
工单类型	基础型工单	面向专业	各专业通用
工单大类	基础课程	能力面向	专业技术能力
职业岗位	全系列岗位		
实施方式	模拟实施	考核方式	演讲汇报
工单难度	较易	前序工单	
工单分值	12 分	完成时限	2 课时
工单来源	校内开发	建议组数	4 组
组内人数	10 人	工单属性	私有工单
版权归属	金楠	附件资源	1 个
考核点	掌握活动策划书的基础知识，完成活动策划书的撰写		
工单简介	本工单采用情景教学法，要求学生掌握活动策划书的写作要点，能够撰写一份实施性强的活动策划书		
设备环境	多媒体教室		
教学方法	1. 项目教学法，在深入参与项目活动的过程中掌握应用文相关知识与写作技巧，让学生主动参与、有目的地展开自主学习，变被动学习为主动学习。 2. 情景教学法，根据教学目标，准确把握教学重点、知识点，创设任务情境，任务情境贯穿于教学的全过程，激发学生学习的兴趣和好奇心。把教学目标转化、分解为学生任务的学习目标。 3. 案例分析法，采用例文介绍的方式，给出完成该写作文体的思路、流程和格式，引导学生思考该文体的写作思路，注意事项，提升写作素养。 4. 分组探究法，由学习组长组织进行任务扩展的探究，通过小组合作学习，进一步巩固知识，充分发挥学生自主学习能力，提高团队协作能力		
用途说明	应用文是现代社会人们在工作、学习、生活中经常用到的信息交流工作工具，因此每个人都应该掌握应用文写作的基本知识和技能。对于即将步入社会的中高职生来说，学校更应该注重对其进行这方面能力的培养和训练，以适应实际生活和工作的需要		
工单开发	金楠	开发时间	2023-06-01 15:42

实施人员信息

姓名		班级		学号		电话	
隶属组		组长		岗位分工		伙伴成员	

任务目标

知识目标

掌握活动策划书的相关基础知识。

能力目标

能够根据工作需要,规范完成活动策划书的写作。

素质目标

1. 通过小组合作,提升学生团队合作意识。
2. 培养学生综合素质和应用文写作素养。

任务说明

任务背景

活动策划是提高市场占有率的有效行为,一份可执行、可操作、创意突出的活动策划书,可有效提升企业的知名度及品牌美誉度。活动策划书即对某个未来的活动或者事件进行策划,并展现给读者的文本;活动策划书是目标规划的文字书,是实现目标的指路灯。

任务描述

曹丽影是黑龙江省某职业技术学院装潢设计专业的一名学生,在某潮流服饰公司企划部实习期间,实习单位要邀请某学校优秀学生参观服装工厂生产活动,活动前需要撰写一份详细的活动策划书,不仅要将全部流程环节体现出来,而且要内容丰富、主题突出。实习单位负责人让她去策划活动并撰写活动策划书,她应该如何策划好这次活动呢?

任务需求

通过活动策划书写作的学习,掌握活动策划书撰写的重难点,能够撰写一份符合要求的活动策划书。

基础知识

请同学自主学习基础知识内容，并提交学习笔记。主观作答（2分）。

基础知识收集

千里之行，始于足下。

——老子

一、活动策划书的定义

一份可执行、可操作、创意突出的活动策划书是提高市场占有率的有效途径。要想撰写一份好的活动策划书需要提前深入了解活动背景，活动目的、意义，需要明确所需资源和经费预算，以及活动开展的具体流程和环节。

二、活动策划书的类型

活动策划书包括营销主导型活动策划、传播主导型活动策划、娱乐政治型活动策划以及混合型活动策划等。活动策划书是相对于市场策划书而言的，市场策划和活动策划都从属于企业的整体营销战略，只有在品牌策划完善的前提下做出的市场策划书和活动策划书才兼具整体性和延续性，也只有这样，才能够有效地使受众群体了解一个品牌的文化内涵。

例文赏析

工厂参观活动策划书

一、活动背景

为了使年轻群体和本地学生更好地了解大型企业的生产、运行情况，我们计划组织一次面向××职业中学优秀学生的参观活动。

二、活动目的和意义

通过对××潮流服饰有限公司的参观，学生们能深入地了解到大型民营企业的生产、运行情况，有助于打开眼界。了解服装的整个生产过程也是青年人最感兴趣的话题之一，通过参观，学生们可以了解到他们所感兴趣的话题。因此，此次活动一定能在学生中产生很好的影响，并给他们留下很多快乐的回忆。

三、参加人员

××职业中学校级三好学生、优秀学生干部、困难学生共计50名。

四、活动内容

1. 学生们可参观××潮流服饰有限公司的整个生产过程；

2. 在会议中了解了××潮流服饰有限公司的发展史；

3. 在该公司的文化交流区感受企业文化；

4. 志愿者们在对××潮流服饰有限公司有了深入的了解后，为学生们赠送刚下线的××潮流服饰有限公司产品——潮流文化T恤一件，鸭舌帽一个。

五、活动时间和地点

2023年6月18日××潮流服饰有限公司生产厂区。

六、经费预算

包车5辆，金额3 800元。宣传条幅2副，金额300元。赠送T恤50件，成本价值2 500元。鸭舌帽50个，成本价值1 000元。

七、其他事项

1. 参观过程中，公司派专门的工作人员给志愿者做现场讲解，并可在现场回答志愿者提出的各种有关问题，以便志愿者能更好地参观、了解公司。

2. 取得学校认可，并开出本次活动的许可证明。

3. 安排工作人员。办公室负责联系对接学校和现场陪同讲解；企划部负责后续报道宣传、现场摄影。

××潮流服饰有限公司企划部

2023年5月1日

评析 这是一份内容较为全面、活动内容丰富的活动策划书。一方面，为企业品牌和产品进行宣传，以此带动当地年轻群体消费市场。另一方面，针对优秀学生和困难学生，附加了较强的社会公益事业意义，突出了企业的社会责任感。整体文字表达简洁清晰，书写格式规范工整，同时也考虑到活动对接和后续报道宣传方面的事项说明。

写作指南

活动策划书的结构和写作方法

一、活动背景

活动背景包括活动的基本情况简介、主要执行对象、近期状况、组织部门等信息，以及活动开展的原因和社会影响。

二、活动目的及意义

活动目的及意义应用简洁明了的语言表述清楚。表述目的要点时，该活动的核心构成或策划的独到之处及由此产生的意义（经济效益、社会利益、媒体效应等）都应该明确写出。

三、活动开展

作为活动策划书的正文部分，活动开展表现方式要简洁明了，使人容易理解，但表述方面要力求详尽。人员的组织配置、活动对象、相应权责及时间地点也应在这部分加以说明。

四、经费预算

在根据实际情况进行具体、周密的计算后，用清晰明了的形式列出活动的各项费用。

五、其他事项

针对内外环境的变化，要做好内部人员和资源安排。活动中不可避免地会出现一些不确定性因素，因此，当环境变化时须有应变措施，且要责任到人。

情景训练

根据情景设定完成训练任务。主观作答（5 分）。

训练任务：××职业学院计划在五四青年节到南湖革命纪念馆参观，并组织祭奠革命烈士的活动。该校装潢设计专业的学生王小明负责策划此次参观纪念活动。活动学生人数 100 人，分为四个小组当天上午同一时间坐车出发。活动需要提前对接南湖革命纪念馆，需要详细了解南湖革命纪念馆的历史沿革，详细参观所有展馆，中午需要协调南湖革命纪念馆用餐（费用由学校进行统一结算），预计下午 2 点返回学校。现需要一份详细的活动策划书，体现出本次活动的意义和目的、详细活动流程和各环节活动及所需要的费用预算。

实施要求：将班级学生分为四个小组，为了让每位学生都能获得一次撰写活动策划书的体验，要求大家共同参与，每一小组都至少写一份活动策划书，凡得到其他小组认可的活动策划书将被评为优秀作品并进行课堂展示,其作者将获得课程加分。

训练过程:

(1)收集整理所有活动的基础信息→对活动缘由、事件可能性等进行认真梳理计划→提交活动策划书初稿。

(2)其他学生共同分析活动策划书初稿存在的不足和问题,共同加以完善→汇报提交活动策划书终稿。

评价标准:本任务采用自评、互评、教师评价相结合的方式进行评价,具体评价分值占比:模块分值(5 分)= 30%(教师)+40%(小组)+30%(个人)。

(1)组内互评:四个小组进行互相评价,获选优秀作品的小组可加 2 分,其他小组可加 1 分。

(2)教师评价:老师对所有学生撰写的活动策划书进行教师评价,最高可加 1.5 分。

(3)自我评价:每个学生针对自己撰写的活动策划书进行自我评价,最高可加 1.5 分。

扩展练习

分组指出下面活动策划书的不足之处,由小组代表总结本组找出的错误,给准确找出错误最多并加以修改的小组加分。主观作答(3 分)。

植树节活动策划书

一、活动的时间

1. 活动时间:2023 年 5 月 9 日

2. 活动地点:哈尔滨市植物园
二、活动主要参与者
2021 级会计专业全体学生
三、活动内容
1. 早上 8 时从学校出发,自行前往到植物园 A 区等待。
2. 大家自行准备种树需要的物品。
3. 向游客发宣传单讲解宣传环境保护。
4. 活动结束。将相关物品进行收集。收拾好场地。

任务总结

主观作答(2 分)。

反思总结	收获感想

考核评价

评分项	分值	评分要求	得分
基础知识	2 分	要求自主学习,掌握活动策划书相关基础知识的要点	
情景训练	5 分	独立完成活动策划书的撰写,要求格式无错误,表述正确	
拓展练习	3 分	分小组完成例文的点评,团队合作,组长积极作答,给找出错误点最多的小组加分	
任务总结	2 分	认真完成各环节,提升写作素养,填写任务总结	

注:教学视频可扫描二维码观看。

项目七 日常文书

项目背景

项目导入

本项目以日常文书为背景，采用情景教学的教学方法，学习在日常办公交流中所需要的文体。

哈尔滨职业技术学院信息技术专业毕业的刘涛同学进入市场部已经两年多了，部门经理安排他和另外两名同事到北京新科技公司出差进行商洽合作事宜，他该准备哪些文字材料来完成这次出差任务呢？

写作规则

本项目分为三个任务，包括撰写证明信、介绍信、条据，具体的项目规划如下。

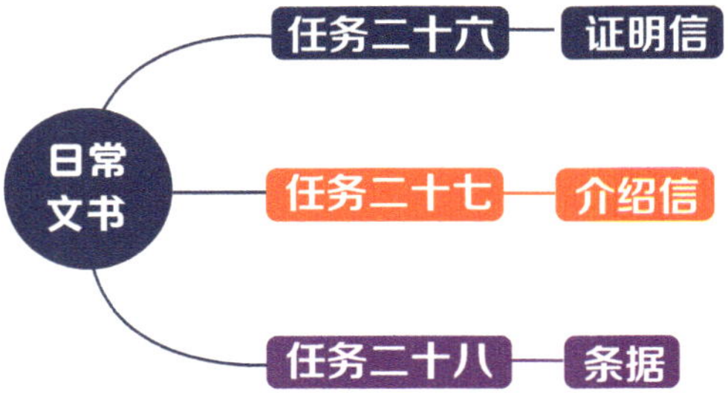

任务二十六　证明信

基础信息

工单编号	C2301111110583	工单名称	证明信
工单类型	基础型工单	面向专业	各专业通用
工单大类	基础课程	能力面向	专业技术能力
职业岗位	全系列岗位		
实施方式	模拟实施	考核方式	演讲汇报
工单难度	较易	前序工单	
工单分值	12 分	完成时限	2 课时
工单来源	校内开发	建议组数	4 组
组内人数	10 人	工单属性	私有工单
版权归属	武智	附件资源	1 个
考核点	掌握证明信的基础知识，完成证明信的撰写		
工单简介	本工单采用情景教学法，要求学生掌握证明信的写作要点，规范完成证明信的写作		
设备环境	多媒体教室		
教学方法	1. 项目教学法，在深入参与项目活动的过程中掌握应用文相关知识与写作技巧，让学生主动参与、有目的地展开自主学习，变被动学习为主动学习。 2. 情景教学法，根据教学目标，准确把握教学重点、知识点，创设任务情境，任务情境贯穿于教学的全过程，激发学生学习的兴趣和好奇心。把教学目标转化、分解为学生任务的学习目标。 3. 案例分析法，采用例文介绍的方式，给出完成该写作文体的思路、流程和格式，引导学生思考该文体的写作思路，注意事项，提升写作素养。 4. 分组探究法，由学习组长组织进行任务扩展的探究，通过小组合作学习，进一步巩固知识，充分发挥学生自主学习能力，提高团队协作能力。		
用途说明	应用文是现代社会人们在工作、学习、生活中经常用到的信息交流工作工具，因此每个人都应该掌握应用文写作的基本知识和技能。对于即将步入社会的中高职生来说，学校更应该注重对其进行这方面能力的培养和训练，以适应实际生活和工作的需要		
工单开发	武智	开发时间	2023-06-01 15:43

实施人员信息

姓名		班级		学号		电话	
隶属组		组长		岗位分工		伙伴成员	

任务目标

知识目标

掌握证明信的相关基础知识。

能力目标

能够根据生活和工作需要，规范完成证明信的写作。

素质目标

1. 通过小组合作，提升学生团队合作意识。
2. 培养学生综合素质和应用文写作素养。

任务说明

任务背景

证明信在学习工作中应用广泛，是对身份、个人经历、某件事情的真实情况进行证明的书，证明信虽然短小，但格式要求严谨，只有了解证明信的写作格式和注意事项才能撰写出一份内容完整、格式规范的证明信。

任务描述

哈尔滨职业技术学院信息技术专业毕业的刘涛同学进入市场部已经两年多了，部门经理安排他和另外两名同事到北京新科技公司出差进行商洽合作事宜。出差前两天，他发现身份证丢失了，补办身份证已经来不及了，他只能到社区派出所开具证明信。

任务需求

通过证明信写作的学习，掌握证明信撰写的重难点，根据需要能够撰写一份格式规范的证明信。

基础知识

请同学自主学习基础知识内容，并提交学习笔记。主观作答（2 分）。

基础知识收集

聪明在于勤奋，天才在于积累。

——华罗庚

一、证明信的定义

证明信是行政机关、社会团体以单位或个人的名义凭借确凿的证据证明某人的身份、经历或某件事情的真实情况时所使用的一种专用书信。

二、证明信的特点

1. 凭证的特点

证明信的作用贵在证明，是持有者用以证明自己身份、经历或某件事情真实性的一种凭证，所以证明信的第一个特点就是它的凭证作用。

2. 书信体的格式特点

证明信是一种专用书信，尽管证明信有多种形式，但它的写法同书信的写法基本一致。

三、证明信的类型

证明信从证明事项上可分为身份证明信、毕业证明信、事件真相证明信等；从发出名义上又可分为组织证明信、个人证明信与随身携带的证明信三类。

1. 组织证明信

组织证明信是指以组织名义写的，用来证明在本单位或曾在本单位工作的职工的政治、工作表现，身世、经历、学历等有关情况或本单位其他事件的证明信。这些材料一般源于该单位的档案，或来自调查研究。

以组织名义所发的普通书信形式的证明信，一般都是该单位的负责人或文秘根据真实的档案或调查的材料来组织书写的一种证明性书信，这种证明信篇幅可长可短，视具体情况而定；以组织名义发出的印刷式的证明信则是一种较方便的、已事先把格式印好的、只需填进主要内容的证明信，这种证明信一般留有存根，以备今后查看，是一种较为正规的证明信。

2. 个人证明信

个人证明信是指以个人名义采用书信体格式撰写的、用来证明某人或某事真实情况的证明信。这类证明信由个人书写，内容完全由个人负责，写这类证明信，一定要严肃认真、仔细回忆，不得信笔由缰、马马虎虎。

以个人名义所发的证明信，要写明写证明信本人的政治面貌、工作情况等，以便使审阅证明信的人了解证明人的情况，从而鉴别证明材料的真伪与可信度。个人所写的证明信的内容如果本人不太熟悉，应写“仅供参考”的提示性语言。因为证明信有时是作为结论性证据的，所以要实事求是、严肃认真，要尽量言之有据。

3. 随身携带的证明信

随身携带的证明信是指一种带有证件作用的证明信，由被证明者随身携带，以保证被证明者工作、生活、旅行等正常进行。这种证明信常用作出差、旅行时证明身份，一般都有一定的有效期，过期即自动失效。

例文赏析

证　明

××公司：

贵公司刘强同志于2023年1月至2023年9月在我校培训学习，培训期间，该同志刻苦努力，成绩优异。

特此证明。

×××学院（公章）

×年×月×日

评析

这是一封以学校名义开具的证明信，以文体名作标题，在第一行中间冠以“证明”字样。在第二行顶格写上受文单位名称加冒号。正文对刘强同志的培训学习进行证明，写清了人名、何时、何地及培训效果。正文完成后，另起一行，空两格写上“特此证明”四个字。落款在正文的右下方写上证明单位和成文日期，然后由证明单位或证明人加盖公章或签名、盖私章，这样证明信才是有效的。

写作指南

证明信的结构和写作方法

一、标题

证明信的标题通常有以下两种方式构成：一种是独自以文体名作标题，一般就是在第一行中间冠以“证明信”“证明”字样；另一种是由事由和文体名共同构成，一般也是写在第一行中间，如“关于×××同志××状况（或问题）的证明”。

二、称呼

要在第二行顶格写上受文单位名称或受文个人的姓名称呼加冒号。有些供有关人员外出活动证明身份的证明信因没有固定的受文者，开端可以不写受文者称呼，而是在正文前用公文引导词“兹”引起正文内容。

三、正文

正文要在称呼写完后另起一行，空两格书写。要针对对方所要求的要点写，要你证明什么问题就证明什么问题，其他无关的不写，如证明的是某人的历史问题，则应写清人名、何时、何地及所经历的事情；若要证明某一事件，则要写清参与者的姓名、身份及其在此事件中的地位、作用和事件本身的前因后果。也就是要写清人物、事件的本来面目。正文完成后，要另起一行，空两格写上“特此证明”四个字。

四、落款

落款即署名和成文日期。在正文的右下方写上证明单位或个人的姓名称呼，成文日期写在署名下另起一行，然后由证明单位或证明人加盖公章或签名、盖私章，否则证明信将无效。

注意事项

（1）实事求是，严肃认真，要言之有据。

（2）对于随身携带的证明信，一般要求在证明信的结尾处注明有效期限。

（3）语言要准确，文字书写要清晰、工整，字迹要清楚，不要潦草。

(4)不能用铅笔、红色笔书写,若有涂改,必须在涂改处加盖公章。

(5)证明信为两页以上的,须加盖骑缝章。

情景训练

根据情景设定完成训练任务。主观作答(5 分)。

训练任务:2023 年 10 月 8 日,会计专业王朋不慎将图书证丢失,作为班主任的你,请为王朋写一封证明信,为他补办图书证。

实施要求:将班级学生分为四个小组,根据所学的知识要点,研究讨论,并着手动笔撰写证明信。内容、格式均准确的证明信将被评为优秀作品,其作者可加 2 分,能够挑出错误的证明信的学生只可加 1 分。

训练过程:

梳理归纳证明信的写作知识要点→认真审题,明确时间、人物、事件等信息内容→撰写证明信→根据重难点检查证明信的内容是否丰富、格式是否正确。

评价标准:本任务采用自评、互评、教师评价相结合的方式进行评价,具体评价分值占比:模块分值(5 分)= 30%(教师)+40%(小组)+30%(个人)。

(1)组内互评:优秀者可加 2 分,其他学生加 1 分。

(2)教师评价:老师对所有学生的证明信进行教师评价,最高可加 1.5 分。

(3)自我评价:每个学生针对自己撰写的证明信进行自我评价,最高可加 1.5 分。

扩展练习

分组指出下面证明信的不足之处,由小组代表总结本组找出的错误,给准确找出错误最多并加以修改的小组加分。主观作答(3 分)。

证明信

市烟草公司：

刘明同学是我校旅游服务专业学生，已完成在校各门课程的学习，还没有颁发毕业证书。

特此证明

×年×月×日

任务总结

主观作答(2 分)。

反思总结	收获感想

考核评价

评分项	分值	评分要求	得分
基础知识	2 分	要求自主学习，掌握证明信相关基础知识的要点	
情景训练	5 分	独立完成证明信的撰写，要求格式无错误，表述正确	
拓展练习	3 分	分小组完成例文的点评，团队合作，组长积极作答，给找出错误点最多的小组加分	
任务总结	2 分	认真完成各环节，提升写作素养，填写任务总结	

注：教学视频可扫描二维码观看。

任务二十七　介绍信

基础信息

工单编号	C2301111110584	工单名称	介绍信
工单类型	基础型工单	面向专业	各专业通用
工单大类	基础课程	能力面向	专业技术能力
职业岗位	全系列岗位		
实施方式	模拟实施	考核方式	演讲汇报
工单难度	较易	前序工单	
工单分值	12 分	完成时限	2 课时
工单来源	校内开发	建议组数	4 组
组内人数	10 人	工单属性	私有工单
版权归属	武智	附件资源	1 个
考核点	掌握介绍信的基础知识，完成介绍信的撰写		
工单简介	本工单采用情景教学法，要求学生掌握介绍信的写作要点，能够撰写一封格式规范的介绍信		
设备环境	多媒体教室		
教学方法	1. 项目教学法，在深入参与项目活动的过程中掌握应用文相关知识与写作技巧，让学生主动参与、有目的地展开自主学习，变被动学习为主动学习。 2. 情景教学法，根据教学目标，准确把握教学重点、知识点，创设任务情境，任务情境贯穿于教学的全过程，激发学生学习的兴趣和好奇心。把教学目标转化、分解为学生任务的学习目标。 3. 案例分析法，采用例文介绍的方式，给出完成该写作文体的思路、流程和格式，引导学生思考该文体的写作思路，注意事项，提升写作素养。 4. 分组探究法，由学习组长组织进行任务扩展的探究，通过小组合作学习，进一步巩固知识，充分发挥学生自主学习能力，提高团队协作能力		
用途说明	应用文是现代社会人们在工作、学习、生活中经常用到的信息交流工作工具，因此每个人都应该掌握应用文写作的基本知识和技能。对于即将步入社会的中高职生来说，学校更应该注重对其进行这方面能力的培养和训练，以适应实际生活和工作的需要		
工单开发	武智	开发时间	2023-06-01 15:44

实施人员信息

姓名		班级		学号		电话	
隶属组		组长		岗位分工		伙伴成员	

任务目标

知识目标

掌握介绍信的相关基础知识。

能力目标

能够根据工作学习需要，书写格式规范的介绍信。

素质目标

1. 通过小组合作，提升学生团队合作意识。
2. 培养学生综合素质和应用文写作素养。

任务说明

任务背景

介绍信是一种应用在特定场合的、具有专门用途的书信，如介绍信在工作学习中起着介绍和证明身份的作用。学习并掌握介绍信的撰写方法，对满足大学生学习、生活和未来工作的需要十分必要。

任务描述

曹丽影是××公司的总经理，最近根据工作需要，她要去其他单位办理合作项目洽谈业务，为了更好地完成与其他单位的业务对接工作，她的公司为她开具了一份介绍信。介绍信该如何书写呢？需要注意什么？

任务需求

通过介绍信写作的学习，掌握介绍信撰写的重难点，能够撰写一封格式规范的介绍信。

基础知识

请同学自主学习基础知识内容，并提交学习笔记。主观作答(2 分)。

基础知识收集

莫道桑榆晚，为霞尚满天。

——刘禹锡

一、介绍信的定义

介绍信是机关团体、企事业单位派人到其他单位联系工作、了解情况或参加各种社会活动时使用的信件，它具有介绍、证明的双重作用。介绍信可以使对方了解来人的身份和目的，以便得到对方的信任和支持。

二、介绍信的类型

介绍信分为用公文信笺书写的介绍信和印刷体的介绍信两种类型。

(1)用公文信笺书写的介绍信，即书信式介绍信。书信式介绍信又称手写式介绍信，一般用印有单位名称的信笺书写，格式与一般书信基本相同。

(2)印刷体的介绍信使用时按空填写即可。

印刷体的介绍信是一种印有固定格式的专用信纸，需根据要办的具体事项按格逐一填写。印刷体介绍信多数有存根，便于查存。

例文赏析

介绍信

××管理局：

兹介绍我校×××、××等两位同志前来贵处联系有关安排学生毕业实习事宜，请接洽为盼。

此致

敬礼

××女子学院学校(盖章)

×年×月×日

(有效期拾伍天)

评析 这份介绍信的行文格式规范，内容具体。正文交代了持信人的姓名、人数及联系接洽的事项，结尾处用了敬语，态度恳切，便于对方理解并协助办好事务。

写作指南

介绍信的结构和写作方法

一、书信或介绍信

书信式介绍信，即用一般的公文信纸书写的介绍信。它包括标题、称呼、正文、结尾、落款、附注几个部分。

1. 标题

在第一行居中写“介绍信”三个字，要求字号略大些，适当拉大字间距排列。

2. 称呼

另起一行，顶格写收信单位部门名称或部门负责人名称，单位名称要写正确的全称或规范简称，再加冒号。

3. 正文

另起一行，开头空两格书写正文，一般不分段。正文内容一般包括以下几项。

（1）派遣人员的姓名、人数、身份、职务、职称等。

（2）说明所要联系的工作、接洽的事项等。

（3）对收信单位或个人的希望、要求等，如“请接洽”等。

4. 结尾

结尾一般写上表示致敬或者祝愿的话，如“此致敬礼”等。

5. 落款

在正文的右下方署上单位名称或个人姓名，在署名下一行写日期。

6. 附注

附注包括注明介绍信的有效期限，具体天数要大写。

【介绍信写作模板】

书信或介绍信写作模板如下所示。

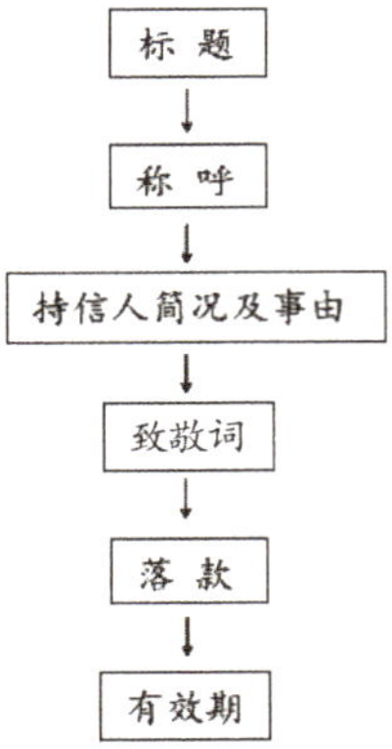

介绍信

××字第××号

×××（单位名称）：

兹有我单位×××等×位（人数）同志，前往贵处联系××事宜，望予接接洽为盼。

此致

敬礼

××（单位及其公章）

20××年×月×日

（有效期____天）

二、印刷体的介绍信

带存根的介绍信有固定的格式，一般由存根、间缝、本文三部分组成。

1. 存根

存根部分由标题（介绍信）、介绍信编号、正文、落款等组成。存根由出具单位留存备查。

（1）标题。首行正中写上“介绍信”三个字，要求字号大些，适当拉大字距排列。也有的标题由“发文机关+介绍信”两部分组成。标题要用括号表明存根。

（2）编号。标题右下方一般有编号，如“××字××号”。铅印式介绍信左边存根里的编号和右边文本里的编号要一致，以便于查核，增加严肃性。标题右下方的编号要按照存根的内容填写。编号放在存根与开出介绍信中间的，号码要大写，字体要大些，便于裁开后有一半字迹。虚线的正中加盖公章。

（3）称呼。单位名称或单位负责人名称后加冒号，在第二行顶格写。要写明联系单位或部门，一定要写正确的全称或规范的简称，这是对对方的尊重。

（4）正文。正文部分基本与书信体介绍信相同，只是有的要在标题下再注明介绍信编号。

（5）落款。落款在右下方署名，另起一行署时间，加盖单位公章。

2. 间缝

间缝部分写介绍编号，应与存根部分的编号一致，还要加盖公章（盖骑缝章）。

3. 正式联

正式联部分与书信体写法相同，要在第二行右侧写明“××字××号”，要与存根编号相同。

带存根的介绍信如下所示。

介绍信（存根）

××字××号

：

×××等×人，前往×××联系××××××。

年　月　日

××字第××号

盖章

介　绍　信

××字××号

：

兹介绍　　等　位同志前往你处联系×××××××，请予接洽并大力协助为盼。

此致

敬礼！

××××（盖章）

年　月　日

（有效期：　天）

注意事项

（1）要写明持介绍信人的真实姓名、身份、不得冒名顶替。

（2）要态度诚恳，措辞得当。要用一句话言简意赅地概括出商洽和联系事务项。

（3）篇幅不宜过长，言简意赅，在有限的篇幅中突出重点，同时文字要顺畅，字迹要工整，不得任意涂改，如有涂改要加盖公章。

（4）一份介绍信只能用于一个单位。

（5）要注明介绍信的有效期限，天数要大写。

证明信和介绍信的区别

（1）作用不同：介绍信是用来介绍联系接洽事宜的一种应用文体；证明信是用以证明自己身份、经历或某件事情真实性的一种凭证。

（2）效力不同：证明信的效果比介绍信大。

（3）格式范围不同：介绍信可以用书信式和表格式；证明信一般为书信式。

（4）介绍信和证明信的格式基本相同，但应注意介绍信要注明有效期。

（5）介绍信和证明信在写正文时要注意使用各自的专用术语：介绍信用“现介绍（兹介绍）某某到某处干某事，请接待（请协助、请接洽）”等；证明信在正文结束后写上“特此证明”。

（6）对受文单位提出的要求不同。

情景训练

根据情景设定完成训练任务。主观作答(5 分)。

训练任务:××公司人事经理刘刚需要去市人力资源和社会保障局办理单位员工医疗保险事宜,请你为刘刚写一封介绍信,格式规范,表述清楚,用词得当。

实施要求:将班级学生分为四个小组,要求大家共同参与,每一小组都至少写一封介绍信,凡得到其他小组认可的介绍信将被评为优秀作品,该小组将获得课程加分并对其作品进行课堂展示。

训练过程:

(1)收集整理介绍信的所有基础知识→归纳整理介绍信的写作知识→撰写介绍信→提交介绍信。

(2)学习借鉴其他小组所写的介绍信→对各小组介绍信进行评价→评选出写得最好的一份介绍信。

评价标准:本任务采用自评、互评、教师评价相结合的方式进行评价,具体评价分值占比:模块分值(5 分)= 30%(教师)+40%(小组)+30%(个人)。

(1)小组互评挑选格式规范,内容完整的优秀作品的获得者可加 2 分,其他学生可加 1 分。

(2)教师评价:老师对所有学生的介绍信进行教师评价,最高可加 1.5 分。

(3)自我评价:每个学生针对自己撰写的介绍信进行自我评价,最高可加 1.5 分。

扩展练习

分组指出下面的介绍信的不足之处,由小组代表总结本组找出的错误,给准确找出错误最多并加以修改的小组加分。主观作答(3 分)。

介绍信

××市政务服务中心:

兹介绍我单位正式工作人员携带我单位有关资料原件,凭该同志有效身份证原件到贵单位办理××市国家投资工程建设项目网上招标投标注册确认及密匙购买事宜。之前,我单位在××市公共资源交易网“登记注册”时提交的资料数据与现所提供的原件一致，对其真实性、合法性和完整性负责。

单位行政公章：
年　月　日

任务总结

主观作答（2 分）。

反思总结	收获感想

考核评价

评分项	分值	评分要求	得分
基础知识	2 分	要求自主学习，掌握介绍信相关基础知识的要点	
情景训练	5 分	独立完成介绍信的撰写，要求格式无错误，表述正确	
拓展练习	3 分	分小组完成例文的点评，团队合作，组长积极作答，给找出错误点最多的小组加分	
任务总结	2 分	认真完成各环节，提升写作素养，填写任务总结	

注：教学视频可扫描二维码观看。

任务二十八　条　据

基础信息

工单编号	C2301111110585	工单名称	条据
工单类型	基础型工单	面向专业	各专业通用
工单大类	基础课程	能力面向	专业技术能力
职业岗位	全系列岗位		
实施方式	模拟实施	考核方式	演讲汇报
工单难度	较易	前序工单	
工单分值	12 分	完成时限	4 课时
工单来源	校内开发	建议组数	4 组
组内人数	10 人	工单属性	私有工单
版权归属	武智	附件资源	1 个
考核点	掌握条据的基础知识,完成条据的撰写		
工单简介	本工单采用情景教学法,要求学生掌握条据的写作要点,能够撰写一份格式规范的条据		
设备环境	多媒体教室		
教学方法	1. 项目教学法,在深入参与项目活动的过程中掌握应用文相关知识与写作技巧,让学生主动参与、有目的地展开自主学习,变被动学习为主动学习。 2. 情景教学法,根据教学目标,准确把握教学重点、知识点,创设任务情境,任务情境贯穿于教学的全过程,激发学生学习的兴趣和好奇心。把教学目标转化、分解为学生任务的学习目标。 3. 案例分析法,采用例文介绍的方式,给出完成该写作文体的思路、流程和格式,引导学生思考该文体的写作思路,注意事项,提升写作素养。 4. 分组探究法,由学习组长组织进行任务扩展的探究,通过小组合作学习,进一步巩固知识,充分发挥学生自主学习能力,提高团队协作能力		
用途说明	应用文是现代社会人们在工作、学习、生活中经常用到的信息交流工作工具,因此每个人都应该掌握应用文写作的基本知识和技能。对于即将步入社会的中高职生来说,学校更应该注重对其进行这方面能力的培养和训练,以适应实际生活和工作的需要		
工单开发	武智	开发时间	2023-06-01 15:45

实施人员信息

姓名		班级		学号		电话	
隶属组		组长		岗位分工		伙伴成员	

任务目标

知识目标

掌握条据的相关基础知识。

能力目标

能够根据工作、学习和生活需要，规范书写各种条据。

素质目标

1. 通过小组合作，提升学生团队合作意识。
2. 培养学生综合素质和应用文写作素养。

任务说明

任务背景

在日常工作和生活中，我们经常要处理财物和私人事件，这些事件有时必须经过必要的手续并留下字据，这时我们会经常用到便条、契据类应用文。比如，领款领物需要写领条，欠款欠物需要写欠条，收款收物需要写收条，借款借物需要写借条，请假时要写请假条，当我们找人办事，人又不在时，可留下字条，交代委托或告知事项以便对方及时办理或答复。条据虽然是最简短的应用文，但其重要性、规范性不容忽视，否则会带来不必要的麻烦，甚至引发法律纠纷。

任务描述

假如你所在的单位，将于2024年12月30日晚举办元旦联欢晚会，作为工会干事，你是组织者之一，需要请假购买晚会物品。在组织活动的过程中，需要写作几种条据，如请假条、领条、收条、借条、欠条等。请根据上面提供的情境拟写各种条据。

任务需求

通过学习写作条据，掌握各种条据的写作格式和要求，能够根据需要撰写各种条据。

基础知识

请同学自主学习基础知识内容，并提交学习笔记。主观作答(2分)。

基础知识收集

天生我材必有用，千金散尽还复来。

——李白

一、条据的定义

条据是用来处理临时性事务，起到说明或凭证作用的一种篇幅短小、格式固定、使用便捷的条文式应用文书。条据在日常学习、工作和生活中随时随地地被使用着。

二、条据的类型

条据一般分为说明性条据和凭证性条据两种。

1. 说明性条据(便条)：托事条、请假条、留言条

说明性条据，又称函件式条据，通常指用来传递信息、道明原委的条据，其作用主要是向他人解释、说明某一事情，或向他人发出请求。因此说明性条据具有更强的礼仪规范，在措辞上要表现得谦恭、礼貌。在日常生活中，有些事要向对方说明介绍或请对方办理，有时无法对面讲但又必须告知的，或者手续上的需要，要留作依据的，都可以使用说明性条据，说明性条据又分为请假条，留言条和托事条。

(1)请假条。请假条是指因病、因事而不能上班或不能按时上班，或者不能参加某项预订活动时撰写的用以说明原因的条据。请假条应由本人亲自撰写，若因故由他人代写的，应加以说明。机关单位应将员工的请假条妥善保存，作为考勤依据，以便日后核查。

(2)托事条。托事条是委托他人帮忙办理某事，又因故不能当面相托，将所托之事留言告知对方时写的条据。

(3)留言条。留言条是指因故不能面谈而将有关事项简要地写下来告知对方的便条。专程拜访他人时因故未能与其见面，或是不能久候他人而先行离去须撰写留言条；临时有活动要请对方参加，而对方恰好不在，可以撰写留言条通知对方；替人接了电话不能当面转告，可写留言条；有事不方便面谈，又必须让对方知道，可

写留言条。留言条可托他人代交,也可置于交往对象容易看见之处。

2. 凭证式条据(单据):借据、欠条、收据

凭证性条据是作为某种凭据的字条,是为办理涉及钱财和物品的各种手续而留下的存根,具有法律效力。

3. 条据的特点

(1)内容简单。条据往往一两句话就可以说清楚。

(2)表达简洁。条据用最简洁的说明性语言写明即可。

(3)使用便捷。条据随用随写,非常方便,用纸一般以32开或64开为宜。

例文赏析

一、说明性条据

【例文借鉴一】

请假条

尊敬的李老师:

您好!

我今天早上突然腹泻,四肢无力且伴有低烧,经校医院诊断为病毒性肠炎,需要输液治疗,故无法前来上课,暂请假三天(10月22日至24日),请予批准。

此致

敬礼

附:校医院证明一张

您的学生:李春

2023年10月22日

评析 这是病假请假条,格式规范,内容简洁明了。正文部分写明了请假的理由、请假的起止时间,"请予批准"强调了请假要求;"此致""敬礼"是书信类文体惯用的祝颂语,表达了对老师的礼貌、尊重;同时附有的"校医院证明"使请假的依据充分;最后写明请假人的姓名和请假时间。

【例文借鉴二】

托事条

李秘书：

我本周五要去北京出差，请你为我订一张当日的火车票，最好是高铁二等座，发车时间在上午9点至11点之间。谢谢！

孟××

2023年10月21日

评析 这张托事条内容清楚，格式规范。顶格写所托对象的称呼，正文部分开门见山、简单明了地将托付对方的事情进行说明，最后落款时，署名和时间也很清楚。

【例文借鉴三】

留言条

张老师：

我是院学生会宣传部部长李晓晓，今天我来办公室找您，想跟您汇报本周五全院辩论赛情况，我下午两节课后再来找您。留下我的手机号码以便联系：189××××1234，谢谢！

李晓晓

2023年8月6日

评析 这张留言条内容清楚，格式规范。顶格写留言对象的称呼，正文部分留言者在对自己的姓名、身份作了介绍后，便开门见山、简单明了地将托付对方的事情进行说明，并留下了另约见面的具体时间、地点及联系方式，最后落款时，署名和时间也很清楚。

二、凭证性条据

【例文借鉴一】

借　条

张老师：

今借到李乌有（身份证号码：451202××××××××××××）现金人民币 546 000 元（大写：伍拾肆万陆仟元整），年利率 8%，2024 年 4 月 12 日前本息一并归还。

此据

借款人：陈何乡（签字　按印）

（身份证号码：46520219××××××××××）

2023 年 11 月 12 日

评析 这张借条写明了向谁借钱、所借钱数的币种和数额、利率标准等，并明确写明归还时间和双方身份证号，以避免重名。

【例文借鉴二】

收　条

今收到市“帮学助困基金会”资助我的学费人民币 5 000 元（大写：伍仟元整）。

此据

××班学生，王学秉

2023 年 12 月 5 日

评析 这是一张在收到来自某基金会赞助的学费后写的收条，上面清楚地写明了款项的来源、款项所属、款项数额，结构完整，格式标准，语言简洁。

【例文借鉴三】

领　条

今从学校总务处领到下列办公用品：办公桌 2 张（无抽屉和三抽屉各 1 张）、文件柜（铁质中号）3 个，××立式饮水机 1 台。

此据

经领人：英语教研室　李靖

2024 年 5 月 10 日

评析 这张领条在内容上简洁明了地交代了从领取物品的地点、数量和规格，在落款处交代了领取单位、领取人及领取时间。

【例文借鉴四】

欠　条

原借杜××老师人民币 1 000 元(大写:壹仟元整)，目前已还人民币 500 元(大写:伍佰元整)，尚欠人民币 500 元(大写:伍佰元整)，即日起两个月内还清。

此据

财会班学生:刘武源

2024 年 4 月 30 日

评析 这张欠条写明了欠何人钱款、所欠的币种、数额，金额用阿拉伯数字书写，并在数字后加上括号，括号内用汉字大写注明，落款写明欠款人及书写日期。

写作指南

说明性条据的结构和写作方法

一、请假条

请假条的格式与书信类似，包括标题、正文、落款三部分。

1. 标题

标题居中，写“请假条”。

2. 正文

正文包括称呼、问候语、主体、结束语、祝颂语、附件等。

称呼:与标题相隔一行，在首行顶格写，称呼后面加冒号。

问候语:在称呼的下一行空两格落笔写“你好”“您好”“早上好”或其他表示问候的言辞，以示对对方的尊重。

主体:另起一行空两格写，详细说清请假原因和请假的起止时间，正文结束时应礼貌地写上“望予以批准”“恳请准假”之类的话语。

祝颂语:另起一行空两格写“此致”，再起一行顶格写“敬礼”(可写可不写)。

附件:另起一行写“附:××××”。附件一般是医生出具的病情证明书或相关单位或人士出具的事假证明。

3. 落款

落款在右下方,先署名,可以写“请假人:×××”或“学生:×××”,另起一行写日期。

二、留言条

留言条与请假条的格式相似,只是主体部分有所不同。留言条的主体要求留言者将自己要对对方说的话或要请对方办的事阐述清楚。

三、托事条

托事条与留言条的写法相似,包括标题、称呼、正文、落款四部分。

标题:居中写“托事条”,多数情况不写。

称呼:顶格写,后面加冒号。

正文:另起一行空两格写,写清托办事项、托办要求等。

落款:写在右下方,先署名,另起一行写日期。

凭证性条据的结构和写作方法

凭证性条据在结构上包括标题、正文、结束语、落款四部分。

一、标题

在第一行居中用较大字体书写文体名称,如“收条”“领条”“借条”“欠条”等。如果是代收、代领情况,则写上“代收条”“代领条”等。

二、正文

正文在标题之下另起一行空两格开始书写,多以“今收到”“今领到”“今借到”“今欠”等习惯用语领起。正文用最简洁的话写清需要立据的事项。

收条:写清收到何人、何处的钱款的币种、数量或物品的名称、数量等。

领条:写清从何人、何处领取的钱款的币种、数量或物品的名称、数量等。

借条:写清楚从何人、何处所借钱款的币种、数量或物品的名称、数量以及归还日期。

欠条:写清拖欠何人、何处的欠款的币种、数量或物品名称、数量以及归还的日期。

三、结束语

结束语在正文后另起一行空两格写“此据”。另外,“此据”也可以在正文同一行隔几个字书写。

四、落款

在正文的右下方签上自己的姓名,按手印或加盖私章。姓名下面写日期,日期要规范书写。如果是单位出具的,要写上经办人的名字,同时要加盖单位公章。

注意事项

(1)条据一般属于说明性文体,具有四项要素,即写给谁、什么事、谁写的、什么时间写的,要一一写清楚。

(2)是否要写致敬语,应视条据格式、内容和交往对象而定,不可随便处理。

(3)条据应用蓝黑钢笔或毛笔书写,一般不能用红色笔写,更不能用铅笔写。重要内容有所改动,应加盖印章。

写作要求

写作凭证性条据如何避免法律纠纷。

(1)写物品的时候,名称要全部开列,要写明规格、型号,数量要用汉字大写。

(2)写货币的时候,数量要大写;数量前写明货币符号,不能留空格;数量后写“整”。

(3)慎用标点符号和多音多义字。不要把“买”写成“卖”,“收”写成“付”,“借给”写成“借”等。

(4)签名时要亲笔签真实姓名,盖章或按手印。名字要写齐全,姓名不要用同音同义字代替。印鉴要规范。

知识拓展

汉字的大写数字的由来

汉字:“一、二、三、四、五、六、七、八、九、十、百、千、万”,相对应的大写为:“壹、贰、叁、肆、伍、陆、柒、捌、玖、拾、佰、仟、万”。这些汉字的由来有多种说法,其中一种是明朝初年,一起涉及12名高官、6个部的左右侍郎的重大“郭桓贪污案”,就是利用空白账册大做假账，通过篡改数字大肆侵吞钱粮，累计高达2 400多万石，这个数字几乎和当时全国秋粮实征总数相当。朱元璋对此大为震怒，下令将郭桓等同案犯几万人斩首示众，同时制定了惩治经济犯罪的严格法令，并在财务管理上进行技术防范——把汉字中的数字改为难以涂改的大写，即将"一、二、三、四、五、六、七、八、九、十、百、千"改为"壹、贰、叁、肆、伍、陆、柒、捌、玖、拾、佰、仟"等，这被称为中国历史上金额数字大写的首创。

现代社会，银行票证、流动支票、实用发票、合同协议、账目单据等各类经济文本必须标明大写数字，已经成了"约定俗成"的规则。

情景训练

根据情景设定完成训练任务。主观作答(5分)。

训练任务：

(1)王力海同学因要参加海尔集团组织的为期三天(周五至周日)的家电商品促销活动，周五要耽误一天课。请你以他的身份给班主任吴老师写一张请假条。

(2)5月8日下午王老师让同学们两节课后把教室卫生打扫干净，学生们去上体育课了。请你以王老师的口气在黑板上写一则留言条。

(3)你是小明，红星厂的一名员工，向财务处借了5 000元用于出差，一周内归还。请写一张借条给财务处。

(4)王丽敏毕业后任职于一家电脑公司市场部，为本部门领取公司后勤部发放的办公用品铅笔20支、签字笔20支、废纸篓10个、打印机2台、信封50个、打印纸10包。请代她写一张领条。

(5)为提高自己的职业能力，周想同学想参加一个电工培训班，培训费需要3 000元，但手里钱不够了，于是向辅导员刘老师说明情况并向其借了2 000元，承诺月底回家后将钱还给刘老师。恰巧本月中旬学校发了上学期的奖学金，周想同学先还刘老师1 000元，余下的1 000元准备月底再还。尽管刘老师信任他，但周想同学觉得还钱这事还是应该给刘老师留下字据为好。请代周想同学写作这个字据。

(6)羽毛球拍是由同办公室的刘晔老师代收的。代收时刘老师检查了球拍，发现球拍完好无损。请代刘老师给刘晓红写一张代收条。

(7)曾蓉爸爸突然中风入院，急等她送钱过去办理住院手续，所以请祝震涛代她去审计事务所把审计报告拿回来，请代她写一张托事条。

实施要求：将班级学生分为四个小组，要求每组同学完成自己的作业递交其他小组进行评审，内容完整充实、格式规范的作业将被评为优秀作品并进行课堂展示，其作者将获得课程加分。

训练过程：

(1)收集整理条据的所有基础知识→掌握各种条据的写作知识→撰写条据→提交作业。

(2)收集借鉴其他小组所写的条据→对各小组提交的条据进行评价→评选出写得最好的作品→展示优秀作品。

评价标准：本任务采用自评、互评、教师评价相结合的方式开展评价，具体评价分值占比：模块分值(5分)=30%(教师)+40%(小组)+30%(个人)。

(1)小组互评：挑选格式和内容无错误的优秀作品加2分，其他加1分。

(2)教师评价：老师对所有学生的条据进行教师评价，最高可加1.5分。

(3)自我评价：每个学生针对自己撰写的条据进行自我评价，最高可加1.5分。

扩展练习

分组指出下条据的不足之处，由小组代表总结本组找出的错误，给准确找出错误最多并加以修改的小组加分。主观作答(3分)。

请假条

王老师：

我想请假，本来我是不想的，但今天确实不能到校上学，特向你请假，请你批准。祝：

工作顺利、生活愉快！

学生：××

即日

借　条

今借到18寸康佳彩电一台，DVD一台，一周后归还。

借物人：张三

09.5.1

欠　条

原借赵晓捌佰元，现在还欠300元未还，此据。

张三

任务总结

主观作答（2分）。

反思总结	收获感想

考核评价

评分项	分值	评分要求	得分
基础知识	2 分	要求自主学习，掌握条据相关基础知识的要点	
情景训练	5 分	独立完成条据的撰写，要求格式无错误，表述正确	
拓展练习	3 分	分小组完成例文的点评，团队合作，组长积极作答，给找出错误点最多的小组加分	
任务总结	2 分	认真完成各环节，提升写作素养，填写任务总结	

注：教学视频可扫描二维码观看。